NOTES D'HISTOIRE LOCALE
Sur les Rives bourbonnaise et autunoise de la Loire.

LE FIEF & LE VILLAGE DE PUTEY

Par M. Léon PICARD

*Extrait du « Bulletin-Revue »
de la Société d'Émulation et des Beaux-Arts du Bourbonnais.*

MOULINS

IMPRIMERIE ETIENNE AUCLAIRE
SUCCESSEUR DE C. DESROSIERS

1898

LE
FIEF & LE VILLAGE
DE PUTEY

NOTES D'HISTOIRE LOCALE
Sur les Rives bourbonnaise et autunoise de la Loire.

LE
FIEF & LE VILLAGE
DE PUTEY

Par M. Léon PICARD

*Extrait du « Bulletin-Revue »
de la Société d'Émulation et des Beaux-Arts du Bourbonnais.*

MOULINS

IMPRIMERIE ETIENNE AUCLAIRE

SUCCESSEUR DE C. DESROSIERS

1898

Le Fief et le Village

DE PUTEY

utey dépend actuellement de la commune de Diou, arrondissement de Moulins, canton de Dompierre ; c'est un petit château à trois corps de logis, deux tours, un pavillon, le tout recouvert de tuiles grises veloutées d'une mousse sombre.

Le voyageur qui suit la voie ferrée de Moulins à Paray-le-Monial, tracée en si agréables méandres entre Diou et Saint-Agnan-sur-Loire, peut apercevoir, de l'autre côté du fleuve, la silhouette vieillotte du manoir, bientôt cachée dans les arbres de ces beaux rivages. Mais celui qui, sur la rive gauche, parcourt la route de Moulins à Digoin, autrefois appelée la route de Bâle, voit le château de très près, à main droite, dans une prairie, à trois kilomètres et demi après avoir passé Diou et à quatre kilomètres avant d'arriver à Pierrefitte. Avec les lézardes de ses murailles épaisses, il apparaît humble et détérioré, mais non sans caractère, pittoresque par son air d'ancienneté autant que d'abandon, curieux par son délabrement même :

Sur des tours rondes, des toits carrés qui semblent des chapeaux de misère, dont on a caché le découronnement des merlons ; une cour petite ; un pont minuscule reproduisant, en son arche de pierre, les dimensions de l'ancien pont-levis ; d'exubérantes touffes d'arbustes et d'herbes folles jetées capricieusement par-dessus l'eau des fossés et aux pieds des grands peupliers qui s'y élèvent. L'aile nord, flanquée des deux tours, regarde par ses rares ouvertures (plusieurs sont murées) la vallée ombreuse, argentée des tons gris des saules et, au delà du fleuve, sur la rive bourguignonne, les gracieux coteaux qui, du Nivernais au Charolais, étendent leurs prés, leurs vignes et leurs bois, parsemés de villages et dominés par d'anciens châteaux, les uns reconstruits, comme Sommery, les autres restaurés, comme Charnay, ou ruinés, comme La Mothe-Saint-Jean.

Putey, avant 1790, était un petit coin de Bourgogne égaré dans le Bourbonnais. Il était compris dans un de ces enchevêtrements de limites qui découpaient anormalement, en plusieurs points, les provinces riveraines entre Marcigny et Vitry(1). Bien que relevant de l'élection de Moulins, il dépendait d'une paroisse du bailliage de Bourbon-Lancy, en la généralité de Dijon, Gilly-sur-Loire, dont le bourg, élevé sur une roche de marbre de la rive droite, portait aussi, à cause de sa colonie transligérine, le nom de *Gilly-Putey.*

La population du manoir, comme celle du village que des concessions féodales avaient créé autour de lui, devait à cette position une physionomie toute batelière. Il y avait la Loire entre elle et ses tombes ; le clocher l'attirait de l'autre côté de l'eau : baptêmes, mariages traversaient gaiement le fleuve dans le « bacq » qui devenait aussi l'arche funéraire. Tous les graves événements de l'existence payaient là un tribut fluvial. En retour, la Loire mettait sur ces bords le rayonnement d'une active circulation de commerce (2) et de voyages.

---

(1) A ce sujet, on lit dans le *Compte rendu du congrès archéologique de France tenu à Moulins en 1854*, p. 258 : « Les limites des provinces n'étaient » pas déterminées d'une manière bien exacte ; Gilly, Lesme, Saint-Aubin, » Vitry, étaient partie Bourbonnais et partie Bourgogne ; Chassenard et Digoin » partie Bourbonnais, partie Charolais. » (V. aussi p. 264 et 265.)

(2) « Le commerce qui se fait par la rivière de Loire... est, sans contredit, le » plus étendu du royaume, puisqu'il comprend tout ce qui se tire des pro- » vinces méridionales et occidentales de la France et celui des nations étran-

Cette route vivante, grande artère de la France, sans cesse animée, jadis, par des trains de bateaux, envoyait sur ses rives comme des reflets de tout son cours et y répandait le mouvement d'une décentralisation plus large.

Roanne y rencontrait Orléans et Tours (1). Lyon, profitant de la pente, y glissait vers Paris en échangeant souvent, depuis Roanne jusqu'à Briare, le cahotage de la route royale (qui allait par La Pacaudière, Varennes, Moulins, etc.) contre le doux ressort des eaux (2); et plus tard, dès 1642, Paris même y remontait sans transition par le canal de Briare qui diminua beaucoup la circulation sur le « long pavé » chanté par Chapelle. Ainsi, dans ces campagnes retirées, au milieu

---

» gères. Il consiste en bleds, avoines, vins de liqueurs, sucres, soyes, laines,
» chanvres, fer, acier, huile, poissons frais et salez, fruits, fromages, bois de
» charpente, planches de chesnes et sapins, échalats, bois de chauffage, char-
» bon de bois et de terre, fayence, ardoises, pierres, cuirs... Les épiceries
» viennent de Provence par Lyon... » — *Etat de la France* (Extrait du mémoire de la généralité d'Orléans dressé en 1708). — Londres, 1737; tome II, p. 309.

(1) 17 janvier 1580 est baptisée à Gilly Pierrette Desvaux. Le parrain est « Pierre Pichier, marinier de la ville de Tours, de la paroisse de St-Saturnin », et la marraine « Matie, femme de François Desvaulx, mitier de M. de Putay. » (Reg. par. de Gilly.)

— Le même jour « Jehan Menard, marinier de la ville de Tours », est témoin à Gilly. (Ibid.)

— « Vendredy pénultième de mars 1582 » Jehanne, fille de Louys Darban à Gilly, a pour parrain « honorable homme Jehan Hardy, marchand, demeu-
» rant à Orléans. » (Ibid.)

(2) On peut en citer l'exemple suivant, tiré des mémoires du temps : année 1539.

« Le marquis de Saluces vient à Paris avec la maréchale de Monte-Jean.

— « Ce marquis fut douze jours à Lyon pour faire ses apprêts, espérant
» arriver à la cour en grand magnificence : et avoient tous deux un si grand
» attirail qu'il leur fallut six grands batteaux pour les porter et toute leur
» suite (car ils y faisoient leur cuisine), ensemble leurs coffres, malles et une
» infinité d'autres bagages dont ils se meublèrent à Lyon. Aussi qu'il y en
» avoit pour une bande de violons, qu'il prit audit Lyon pour se donner du
» plaisir sur la rivière de Loire et essayer d'amortir l'ennui que madame la
» mareschale portoit encore de feu son mary. Et, s'embarquant à Roüanne,
» envoyèrent les chevaux et mulets par terre, qui furent aussitost qu'eux à
» Briare. »

(*Mémoires du maréchal de Vieilleville*. Tome I, p. 100-101. — Paris, chez Guerin et Delatour, 1757.)

des hameaux mis en éveil, passaient de loin en loin d'illustres personnages.

Nos riverains virent, entre beaucoup d'autres, en 1476, Louis XI (1), descendant de Lyon à Tours, joyeux de la défaite du Téméraire ; — en 1599, Charles-Emmanuel de Savoie (2) venant traiter à Paris avec Henri IV. En ces parages, Louis XIII avait couché certaine nuit dans son bateau ; il y avait passé en 1630 avec Marie de Médicis et le cardinal de Richelieu (3). Et combien d'autres illustrations avaient suivi le même chemin !

Aujourd'hui, ce mouvement a déserté le fleuve presque entièrement pour se répartir sur plusieurs lignes ferrées.

> Ainsi tout change, ainsi tout passe,
> Ainsi nous-mêmes nous passons,
> Hélas ! sans laisser plus de trace
> Que cette barque où nous glissons (4)...

Toutefois, essayons, dans une goutte soustraite au courant, de retrouver l'image du vieux Putey et de fixer quelques rayons des anciens jours.

---

(1) Louis XI était resté six mois à Lyon pour susciter par sa politique des difficultés à Charles le Téméraire aux prises avec les Suisses et surveiller cette affaire. Aussitôt après que Morat eut abattu la puissance de son ennemi, il partit : « en continuant son chemin au partir de Lion, dit Commines, se mit » sur la rivière de Loire à Roüanne et vint à Tours. » (*Mémoires de messire Philippe de Commines s^{gr} d'Argenton, à Brusselle*, 1714. Tome I, livre V^e, p. 346.)

(2) « ... Après avoir resté trois jours à Lyon, il en partit le jeudi 9 décembre, » et se rendit en poste à Roüanne : de là, il descendit par le bateau à Orléans » et risqua de se perdre vers le port de Gien. » (*Journal du règne de Henri IV, par Pierre de l'Étoile*. — La Haye, 1741 ; t. II, p. 480.)

(3) Tombé malade à Lyon après la campagne victorieuse de Savoie, Louis XIII, aussitôt guéri, quitta « Lyon ; il se fit transporter en litière à » Roanne et fut suivi de la reine-mère et du cardinal de Richelieu qui s'em- » barquèrent sur la Loire à Roanne dans un même bateau et paraissaient » entièrement réconciliés aux yeux de toute la cour. »
Ils descendirent sur la Loire jusqu'à Briare et gagnèrent Paris. (V. *Vie d'Armand-Jean cardinal duc de Richelieu*, par M. Leclerc. Amsterdam 1724 ; tome II, p. 99-100, — et *Histoire du règne de Louis XIII*, par Michel Le Vassor. Amsterdam, 1734 ; tome VI, 2e partie, p. 493-494.)

(4) Lamartine.

Bulletin-Revue de la Société d'Émulation et des Beaux-Arts
DU BOURBONNAIS (Septembre 1897).

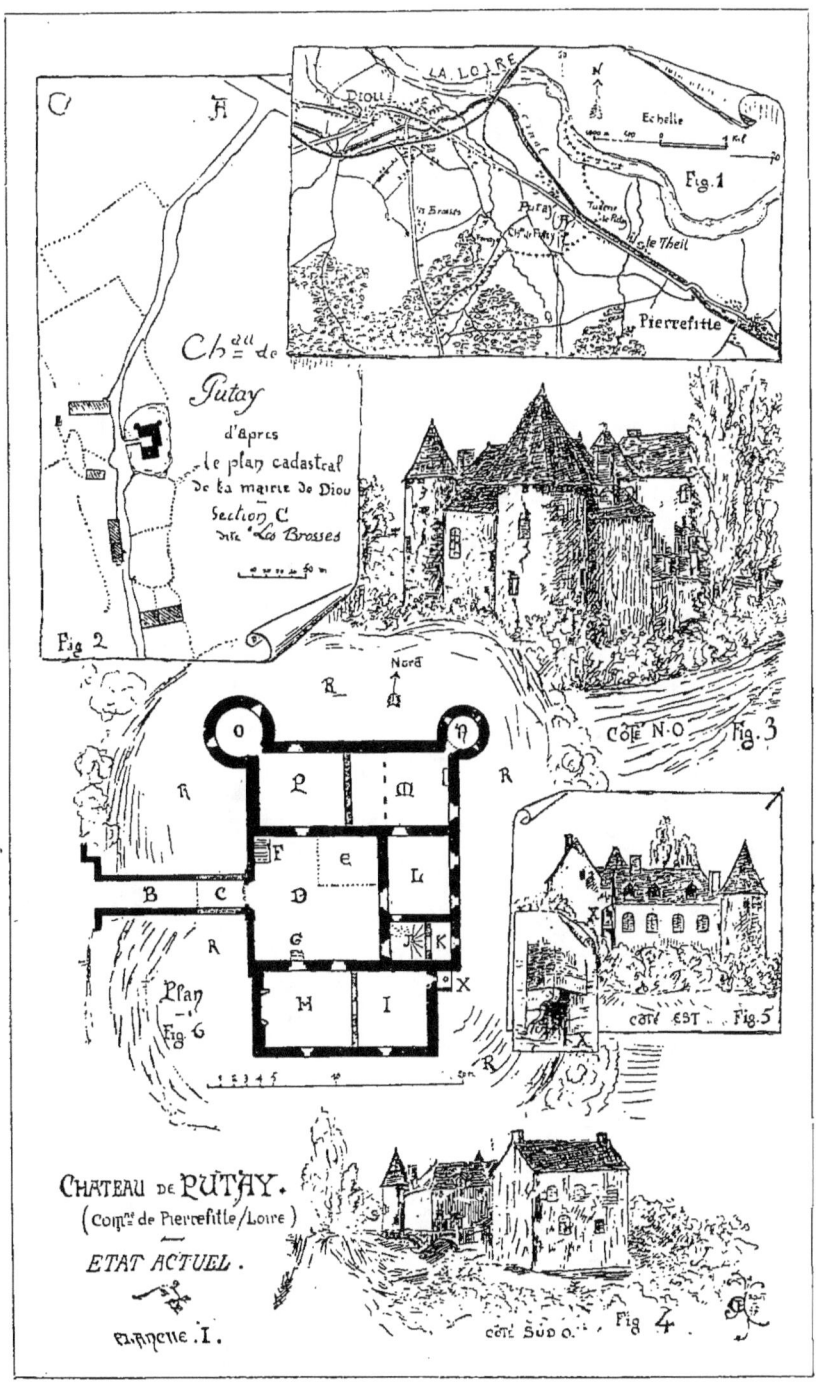

CHATEAU DE PUTAY.
(Com^{ne} de Pierrefitte/Loire)
ETAT ACTUEL

PLANCHE I.

Orthographe. — « Putei (XIII⁰ˢ s.). — Putey (XIIIᵉ, XIVᵉ, XVᵉ s.), 1609. — « De Putheio », 1322. — Puthei, 1322. — Putoy, 1300, 1322, 1374, 1443. — Putay ou Putai (XVᵉ, XVIᵉ, XVIIᵉ, XVIIIᵉ s.).

Etymologie. — En l'absence de renseignements sur l'origine d'une localité, souvent l'on cherche dans l'étymologie de son nom, son acte de naissance. Nous n'attacherons pas à cette ressource plus de valeur qu'elle en mérite en supposant que Putey veut dire : *le Puits* et conserve dans sa forme presque latine le génitif du mot *Puteus* (« Putei », acte latin de 1285) (1).

A la bordure de la vallée de la Loire, le petit château s'élève en un lieu où les eaux abondent et se recueillent çà et là aux flancs des coteaux boisés du Miez et des Larmiez qui le surmontent. Elles y forment des fontaines dont une, explorée par MM. Bertrand et Bailleau, a livré des vestiges gallo-romains ; elles suffisaient à alimenter l'immense étang du Perroyer, de 30 hectares d'étendue, aujourd'hui conquis par la science agricole ; mais elles ne s'épanchaient pas directement jusqu'au manoir ; captées (2) au pied du coteau, elles avaient été amenées par l'art des défenseurs dans les fossés et peut-être aussi abritées très anciennement dans une fontaine ou puits (3).

Rien d'étonnant donc, que, sorti de l'empire des eaux, Putey y mirât jusqu'à son nom.

---

(1) Comme exemple d'une étymologie semblable, on peut citer un acte du XIVᵉ s. (22 mai 1340), d'après le savant auteur de l'*Inventaire des Titres de la maison de Bourbon* (nᵒ 2257). — « Le Procureur de Béatrix du Puits « *de Puteo* » autrement dite Metuelha de Gannat (de Ganiaco) vend à Robert de Croys pour 20 livres tournois, 6 setiers 1 quarte de froment avec d'autres cens et rentes sis à Etroussat et Culhat. »

(2) La trace des prises d'eau était encore visible il y a 30 ou 40 ans, d'après des témoins oculaires.

(3) On remarquait, en 1609, la *Font commune* dite des Jehan-Gonin près du village.

I

DE PUTEY-VIRY

(1285-1575)

1285. — **Hugues.** — En inscrivant ici en première ligne Hugues de Putey (*alias* Putoy), il convient d'observer que le document dont je dispose à son sujet ne spécifie pas expressément la situation du fief dont il portait le nom (1). La précision des preuves écrites ne se fait sur ce point qu'à partir de Pierre de Putey, vers 1350 ; mais la similitude du nom du fief héréditaire et des autres seigneuries de ce dernier avec les possessions de Hugues ne laisse pas de doute sur l'unité de famille de ces deux personnages et permet, croyons-nous, de remonter jusqu'à 1285 le cours de ces recherches. Cette date montre Hugues de Putey, chevalier, en relation d'affaires avec un prince du sang royal : Robert II, duc d'Artois, ce neveu de Louis IX qui avait été armé chevalier en 1270 par le saint Roi lui-même et qui, victorieux depuis en plusieurs rencontres, des armes d'Aragon en Sicile, des Anglais à Bayonne et des Flamands à Furnes, devait succomber pour sa fougue téméraire, percé de trente coups de piques en 1302, à la pitoyable bataille de Courtrai. Hugues de Putey, en 1285 (2), le vendredi après la Saint-Nicolas d'hiver, 7 décem-

---

(1) Je n'ai aucun indice qu'il existât en Bourbonnais un autre fief de ce nom.
(2) L'acte est daté de Moulins en Auvergne « *apud Molins in Auverniâ* » : Original latin sur parchemin, jadis scellé du sceau de la prévôté de Bourges. (*Inventaire des Titres de la maison de Bourbon* P 1376, cote 2607.) Voir la transcription de cet acte en APPENDICE.

bre, cédait à ce prince et à sa femme, Agnès, dame de Bourbon et de Charolais (1), le droit de justice haute, moyenne et basse de Putey « Putei » avec le droit de blairie et la possession dudit lieu. Il recevait en retour la moitié de la quête de la terre de Fontial (2), c'est-à-dire une redevance à percevoir annuellement sur chaque chef de famille tenant feu et lieu dans le ressort de cette seigneurie. De nos jours, un domaine de Fontiau, en la paroisse d'Agonges, canton de Souvigny, rappelle ce nom primitif, sans que je puisse l'identifier avec lui. Des documents (3) prouvent seulement que la famille de Putey avait d'autres biens, non loin de Fontial, en la châtellenie de Bourbon-l'Archambault.

Un acte indiqué par dom Bétencourt (4) montre Hugues de Putey déclarant, en l'année 1300, à Billy, « l'hôtel, terre et seigneurie de Beauperer (Beaupoirier), paroisse de Breul ». Une relation identique s'est produite au XVIIIe siècle entre Putey et Beaupoirier. Ces fiefs, sortis depuis longtemps de la famille de Putey, se retrouvaient alors aux mains d'un même propriétaire.

2. — Archambaud de Putey « de Putheio », damoiseau, fils du feu chevalier Hugues, fit en 1322 aveu et dénombrement au Roi de l'hôtel, domaine et seigneurie de Luçay en la châtellenie de Bourbon-l'Archambaud. Il faut noter qu'en cette année 1322, il y avait en la châtellenie de Bourbon un manoir de Luçay appartenant à Perrin de Luçay. Il existe actuellement un château de ce nom, paroisse d'Agonges (5). Comme la désignation de la terre de Fontial où Hugues avait acquis le droit de quête que nous avons vu, se retrouve, de

---

(1) Fille d'Archambaud VII et de Yolende.
(2) L'autre moitié du droit de quête de cette terre appartenait à un fief alors possédé par Guiot de Montgarnaut, vassal des ducs de Bourbon.
(3) Voy. *Noms féodaux*, art. Putey, Putoy.
(4) *Noms féodaux*, ibid.
(5) *Diction. des noms de lieux habités du département de l'Allier*, par M. Chazaud (1881).

nos jours, en la paroisse d'Agonges, il est probable que le château moderne de Luçay est l'emplacement de l'hôtel d'Archambaud de Putey.

3. — Pierre de Putey. — Pierre est-il le fils d'Archambaud? Je l'ignore. Mais il déclare les mêmes biens que lui, à 28 ans d'intervalle, en 1350. Il est aussi damoiseau et a un fils nommé Perrin. Par la vente de la Justice haute, moyenne et basse et de ses autres droits à Putey, Hugues avait semblé porter ses désirs d'extension du côté de ses biens de Bourbon. Cette tendance paraît suivie par Archambaud, son fils. Mais Pierre revient au berceau patronymique. Il est dit paroissien de Gilly (1), au diocèse d'Autun, ce qui désigne Putey comme sa résidence ordinaire. Putey a un fief et un village. Le village est nommé avec celui de Dio (Diou) dans un acte de 1353 (2). Les *Noms féodaux* citent deux fois Pierre, l'un dénommé de Putoy et l'autre de Putey. Les rapports de lieux et de temps nous y font voir un seul et même personnage. Dans ce cas, Pierre a, au moins, l'hôtel et seigneurie de Luçay, des dîmes, droits et domaines à Bour, déjà possédés par Archambaud, toujours dans la châtellenie de Bourbon-l'Archambaud, et des biens seigneuriaux à Gilly et à Diou. — La lignée semble se tenir dans la modestie du titre de damoiseau après Hugues.

4. — Perrin de Putey *al.* **Putoy**, fils de Pierre, épousa Marguerite de La Grange. Il déclare en 1364 et 1374, l'hôtel et domaine d'Estole (probablement en la châtellenie de Chantelle), ses droits au village de Putey et une dîme en la paroisse d'Oroux (sans doute Aurouer), en la châtellenie de Belleperche.

Un autre Perrin, ou le même, mais qui paraît alors

---

(1) En ce temps-là (1345), un autre damoiseau, Jean d'Arcy, fils de feu Hugues-Thomas d'Arcy, était possessionné dans la paroisse de Gilly. (V. *Noms féodaux*, art. Arcy.)

(2) *Noms féodaux*, art. Putoy (Pierre).

remarié (1), fait à Bourbon-Lancy, en 1379, déclaration de tailles et devoirs divers par indivis avec Hugues de Mons (2).

5. — Philippe de Putoy. — Philippe, écuyer, nous introduit le premier, à la lueur des documents, dans le manoir de Putey, dont les actes antérieurs, bien restreints, il est vrai, ne laissaient voir que le village. Il appelle son logis un « hôtel », avec une motte et des fossés ; autour s'étendent des garennes.

L'acte d'aveu qui nous l'apprend est de 1443 (3). Philippe a pour épouse Catherine de La Forêt dont la famille a reçu son nom des grands bois inféodés qu'elle possède au nord de Liernolles. C'est de sa femme que Philippe tient ses droits sur Huvers (4), localité connue, dès longtemps à cette époque même, par sa commanderie des Hospitaliers de Saint-Jean. La reconnaissance transcrite en note donne un détail de ces droits (5).

(1) Sa femme est appelée Marie, sans qu'on donne son nom de famille.
(2) *Noms féod.*, ibid.
(3) *Id.*, ibid.
(4) Huvers, « *Octo verni* » qu'un érudit traduit par « Les Huit Vernes », paroisse avant la Révolution, supprimée en 1801, a été partagée entre les communes de Saint-Léon, Liernolles et Saligny (Allier).
(5) Transcription faite sur « l'original en parchemin, autrefois scellé sur double queue, ledit original appartenant aux archives de l'Allier », par M. l'archiviste A. Vayssière :

« *La lectre et reconoysance de Tomas Chappuis sur le ténement des Symonins* »
(22 novembre 1436).

« A tous ceulx qui ces présentes lettres verront, Colas Denis conseiller de
» très excellent et puissant prince monseigneur le duc de Bourbonnois et
» d'Auvergne, et garde du scel de la chancellerie de son dit duchié de Bour-
» bonnois, savoir faisons que par devant nostre amé Girart Ducrot, prebtre,
» notaire juré de ladite chancellerie, auquel nous avons commis nostre pouvoir
» quant-à ce, establi en sa personne Thomas Chappus, paroissien d'Uvers,
» lequel de son bon gré et bonne volonté, a confessé devoir et estre loyalment
» tenus de payer chacun an à Phelippe de Putay escuyer présent et acceptant
» pour et au nom et à cause de damoiselle Catherine de la Fourest, sa femme,
» c'est assavoir ung denier tournois, demi cope seigle, mesure de Chaveroche,
» ung quart de geline et ung quart de journée d'annuelle et perpétuelle rente,

Je ne sais si Philippe était fils de Perrin. En 1428, sa fille se mariait. Sa naissance à lui-même a donc pu confiner aux dates 1374 ou 1379 qui nous reportent à Perrin de Putey.

La pénurie des documents ne livre aucun indice du rôle militaire, social ou privé de ces premiers seigneurs de notre fief. Mais comme on rencontre souvent le *chevalier* et l'*écuyer* près d'un cheval, c'est à la bride d'un de « ces dextres compaignons » que le notaire de Pierrefitte-sur-Loire, Jean Miart, nous présente Philippe en un passage de son protocole (1). Le 4 janvier 1428, il écrit sur son registre : « Noble dame..... veuve de
» Odrès de la Forest, constitue pour son procureur Phelippe
» de Putay, écuyer, pour recevoir de noble homme Guillaume
» de Boucé, seigneur dudit lieu, un certain cheval gris, lequel
» feu messire Odrès bailla et donna en garde audit Guillaume
» de Boucé. »

6. — Jeanne de Putey. — 1428 ! Ce sont les passages des bandes armées ; partout la division, les luttes intestines, les patries reconnues différentes d'un château à un

» pour raison et à cause de vigerage assis sur sa part et porcion du ténement
» des Symonins, ainsi que ledit ténement se comporte, soit en maisons, granges,
» vignes, prés, terres, bois, buissons et autres héritages quelsconques, promec-
» tant ledit Thomas, débiteur par sa foy et soubz l'obligation de tous ses biens
» meubles et immeubles, présens et advenir quelsconques ladite rente annuelle
» et perpétuelle rendre et payer audit escuier ung chacun an, ès siens ou au
» porteur de ces lettres pour lui, et toutes pertes, doumages et despens que
» icelluy escuier, les siens ou ledit porteur porroient faire pour deffaut d'ung
» chacun desdits payemens, volant icelluy Thomas par deffaut de ce estre
» contraint et compellé par la cour de ladite chancellerie par la printe, saisie,
» vendue et explectation de tous ses dits biens, actendant tenir, faire et accom-
» plir et enteriner les choses dessus dites, renonçant en ce fait ledit Thomas
» par sadite foy à toutes et singulièrement les choses contraires à ces présentes.
» En tesmoing de ce nous, à la rellation dudit juré, ledit scel avons mis à ces
» présentes, saulf le droit de mondit sieur le Duc et l'autruy. Donné, présens
» à ce frère Pierre Des Forges, curé d'Uvers, et Durant Roy, de Premontan,
» le vingt-deuxième jour de novembre, l'an mil quatre cens trente-six.
» G. Delacu » (Ducrot, en langage courant)
avec paraphe.

(1) Passage dû à la gracieuse communication de M. l'abbé Reure, docteur ès lettres, professeur à la Faculté catholique de Lyon.

autre. La France, mutilée par ses propres habitants, se débat faiblement aux griffes du léopard. Dans la nuit des guerres de Cent ans, 1428, c'est aussi l'aube miraculeuse de la Pucelle transpirant, dit-on, dans le vague d'une prophétie populaire. Le Bourbonnais est resté à peu près fidèle, à côté de la Bourgogne qui est toute anglaise ; à peu près fidèle, non pas entièrement. A Pierrefitte, Châteaumorand a, sans aucun doute, sur ses tours neuves munies de bombardes depuis 13 ans, dressé ferme sa bannière pour le roi de France ; mais dans un autre puissant castel des alentours, à Saligny, Lourdin n'était-il pas naguère, s'il ne l'est encore à cette heure, l'un des plus actifs tenants du parti de Bourgogne ? Il y a quelques années, en 1422, ne fut-il pas envoyé, par le duc de Bedford, de Paris en Angleterre pour solliciter des renforts immédiats ? Et il ne réussit que trop bien à les obtenir (1).

Que devenait alors Putey, tiraillé par son étrange situation, bourguignon par sa paroisse, bourbonnais par son territoire civil ou féodal ? On ne sait. Un événement domestique paraît montrer cependant son pont-levis abaissé à la croix rouge de Henri V plutôt qu'à la croix blanche de Charles VII. En effet,

(1) A l'avènement de Charles VII, afin de prévenir ou d'arrêter le mouvement qu'ils redoutaient en sa faveur, « les Parisiens et le duc de Bedford » envoyèrent en Angleterre pour faire venir incessamment de nouvelles » troupes. Louis de Luxembourg, évêque de Terouanne, Lourdin de Saligni » et quelques autres furent chargés de cette commission. Ils allèrent par Lille » où ils s'abouchèrent avec le duc de Bourgogne ; ils s'embarquèrent à Calais » et revinrent d'Angleterre peu de temps après, avec assurance d'être bien » secondés. » (P. G. Daniel, S. J. — *Histoire de France*, tome VII, p. 10.) — Ce passage se réfère à Monstrelet. — Dans son étude érudite sur : *Jeanne d'Arc en Bourbonnais*, p. 5, M. Francis Pérot, citant plusieurs Bourbonnais célèbres présents au siège d'Orléans, y voit figurer Lourdin, sg^r de Saligny, avec Poton, La Trémouille, etc., au conseil du roi de France. Comment donc ce seigneur bourguignon avait-il changé de parti ? Peut-être en trouvera-t-on le motif dans ce fait, qu'en 1429, au siège d'Orléans, et avant l'intervention de Jeanne d'Arc, le duc de Bourgogne s'était brouillé avec le duc de Bedford et avait, mécontent des Anglais, envoyé à ses troupes l'ordre de quitter le siège. (*Histoire de France* de Daniel, t. VII, p. 54.) — Lourdin qui avait des attaches au parti français par les biens qu'il possédait dans le domaine du duc de Bourbon, a pu se laisser gagner alors à l'armée royale où il trouvait le sénéchal Jacques de Chabannes et le maréchal de Brosse, baron d'Huriel.

parmi ces vicissitudes, le 2 août de cette année 1428 (1), Jeanne, fille et unique héritière de Philippe et de Catherine de La Forest, épousait Guillaume de Viry (2), de la cour des ducs de Bourgogne. Ce gentilhomme, qui avait déjà pris part aux batailles de son temps, avait été chambellan de Jean sans Peur. Son mariage le fixe en Bourbonnais où son nom figure jusqu'à la Révolution. Putey, plus petit, ou peut-être découronné par le heurt des gens de guerre, si nombreux au début du XVe siècle dans la région de Pierrefitte (3), fut délaissé par les époux pour le château de La Forest, à Liernolles. Le nom primitif de Putey, après celui de La Forêt, disparaît alors comme famille, parce que Catherine et sa fille Jeanne n'ont point eu de frère qui en soutînt le titre ; il n'en restera, comme de tant d'autres, que les noms de lieux, qui souvent d'ailleurs avaient nommé déjà leurs premiers possesseurs ou habitants. Et ce cas se présente, en général, lorsque le nom de famille (Du Lac, Dubois ou Dubosc, etc.) a un sens qui ne convient qu'à des lieux.

7. — **Louis de Thélis et ses enfants.** — Avant de poursuivre, par Louis de Viry, fils de Guillaume et de Jeanne de Putey, la liste des seigneurs de notre fief, il faut avouer une difficulté et poser un problème.

Dans sa documentée et intéressante notice sur les Viry (4) où nous avons puisé beaucoup de renseignements relatifs à

---

(1) Cette date de 1428 est indiquée par M. Victor Meilheurat dans sa notice sur la famille de Viry (*Bulletin de la Société d'émulation de l'Allier*, t. X, p. 386). Le travail sur *le Fief de La Forêt* donne 1438. Nous nous en tenons à la première de ces indications, qui est appuyée sur ce fait, cité par le docte auteur, que le fils aîné de Guillaume de Viry et de Jeanne de Putey, nommé Louis de Viry, dit avoir 80 ans en 1509. Il est donc né, au plus tard, en 1430.

(2) M. Victor Meilheurat donne sa famille comme originaire de Savoie.

(3) D'après le Protocole de Jean Miart, cité plus haut, et dont M. l'abbé Reure a publié, dans les *Archives historiques du Bourbonnais*, de très intéressantes citations.

(4) Publiée dans le *Bulletin de la Société d'émulation de l'Allier*, tome X. S'y reporter pour les détails généraux sur la famille de Viry.

cette famille entre 1428 et 1570, M. Victor Meilheurat donne à ceux des gentilshommes de cette race qui ont possédé La Forest, depuis Guillaume jusqu'à Antoine, 2e du nom, le titre de *seigneurs de Putey*. Il le donne notamment à Louis de Viry qui vivait en 1488 et en 1506. Or, à ces deux dates, deux actes d'hommage et d'aveu, cités par dom Bétencourt, affirment que Putey (et bien celui que nous étudions, précisé par la châtellenie de Moulins, avec des dépendances en celle de Chaveroche) appartenait à cette famille de Thélis dont un membre, Jean, seigneur de Forges et de Cornillon en Forez, avait épousé Marie de La Forest. En 1488, Louis de Thélis, écuyer, héritier sans doute de Jean, parce qu'il possède comme lui la seigneurie de Cornillon, déclare la seigneurie de Putey (1) et, en 1506, Marguerite de Letoux, sa veuve, fait la même déclaration comme tutrice de Pierre, Antoine, Zacharie, Guillaume et Louis leurs enfants.

(1) Voici les principaux passages de l'acte original de la chambre des comptes tels qu'ils ont été extraits des archives nationales :
« Pierre duc de Bourbonnois et d'Auvergne, comte de Clermont, de la
» Marche, de Forestz et de Gien, seigneur de Beaujeuloiz, per et chamberier de
» France, a noz amez et feaulx gens de noz comptes, senechal de Bourbonnois
» et a tous noz autres justiciers et officiers ou à leurs lieuxtenans, salut et
» dilection. — Savoir vous faisons que nostre amé et feal Loys de Thellis,
» escuier, nous a aujourduy fait les foy et hommaige que tenu nous estoit de
» faire es mains de nostre amé et feal chancellier, pour raison de sa seigneurie
» de Putay, ses appartenances et appendences, tenue et mouvant de nous à
» cause de nos chastellenies de Molins, de Chaveroche et généralement de
» tout ce qu'il peut tenir en nosdiz duché de Bourbonnois, ausquelz foy et
» hommaige nous l'avons fait recevoir, sauf nostre droit et l'autruy, et nous a
» promis et juré de tenir et accomplir tout ce qui est contenu es chappitres de
» fidélité vielz et nouveaulx... Ainsoys, se sa dicte terre et seigneurie de Putay...
» ou autres de ses biens sont ou estoient... [pour raison desdictes foy et hom-
» maige à nous non faiz] « prins, saisiz, arrestez ou aucunement empeschez,
» mectez les luy ou faictes mectre incontinant et sans délay au premier estat
» et deu et à pleine délivrance, pourveu que bailhera sa nommée et dénom-
» brement en nostre chambre des comptes dedans quarante jours, et fera et
» paiera tous les autres droiz et devoirs pour ce deuz et accoustumez, se faiz
» et paiez ne les a.
» Donné à Molins, le XVIe jour de décembre, l'an mil CCCC IIII XX et
» huit. »……
S'ensuit l'actache de messieurs des comptes.
« Les gens des comptes de monseigneur le duc de Bourbonnois et d'Au-

S'il sortit de la branche de Putey-Viry, le fief aurait pu y rentrer par le mariage, en 1544, de Claude de Viry avec Louise de Thélis, fille de Guillaume, seigneur de Pierrelas et de Cornillon, et de Françoise de Rougemont. — Il faudrait savoir si les Viry (ou, du moins, Louis susnommé) étaient, à cette époque, seigneurs de Putey comme M. Victor Meilheurat les qualifie. L'autorité de cet archéologue distingué dispose sans doute à croire qu'il en était ainsi. Dans ce cas, Putey aurait été vendu ou échangé *en partie* aux Thélis. — C'est dans cette supposition que nous continuerons de nous acheminer vers La Forest pour y reconnaître à Louis et à Etienne de Viry, qui y habitent successivement, des droits partiels sur cette terre de Putey que Jeanne, leur mère et leur aïeule, portait inscrite dans son nom.

8. — **Louis de Viry**, écuyer, chambellan du duc de Bourbon, comme son père l'avait été du duc de Bourgogne, est né vers 1430. Marié à Jeanne, fille de Hugues de La Fin, seigneur de la Fin et de Beauvoir-sur-Besbre, il hérite de son frère Antoine mort sans postérité. A l'âge de 80 ans, en 1509, il assiste, comme témoin, à l'acte du renouvellement du terrier de Chaveroche (1). Ses possessions en cette châtellenie : la seigneurie et la dîme de Chignart en la paroisse de Varennes-sur-Tesche et en celle de Tresail, la prévôté, terre et seigneurie de Hunières, l'intéressaient assez à la rédaction de ce terrier (2). En 1488, il faisait aveu et dénombrement de ces biens au roi et en 1505, si je ne me trompe, il faisait même aveu des fiefs de « La Fourest et de la Berthière », en prenant

» vergne... etc. » attestent que Louis de Thellis a « le jourduy fait bailler sa
» nommée et dénombrement en la chambre desdiz comptes » etc.
  » Donné à Moulins soulz noz signetz le XXIIIIe jour de mars l'an mil
» IIII^c IIII XX et huit. Et estoit atachée es lettres de mondict seigneur
» devant régistrées soulz ung cachet à cire rouge, et au marge scellée de
» quatre petiz signetz aussi à cire vermeilhe et signée : Arabi. »
  Archives nationales, 5484, folio 145 v°.)
(1) M. Victor Meilheurat, *lieu cité.*
(2) *Noms féodaux*, tome II (édit. 1826), art. Viry.

comme procureur, en son absence, Antoine de La Fin, seigneur de Beauvoir (1). Ce dernier, notons-le en passant, maître-d'hôtel ordinaire d'Anne de Beaujeu, duchesse de Bourbonnais, ramène, une fois de plus, la mémoire d'une famille déjà plusieurs fois rencontrée, par « Jeanne de Teillis », sa femme, dont il tenait, entre autres biens, la seigneurie de Montbaillon (2).

9. — **Etienne de Viry** avait épousé le 30 novembre 1504 Jeanne, fille de Claude d'Anlezy, écuyer, seigneur de Meneton, à qui appartenaient aussi Montherin (fief et seigneurie), Rouzières et la Grange-au-bois, dans la châtellenie de Germigny et probablement dans celle de Bourbon. Attaché aux armes de Louis XII et de François Ier, Etienne combattit sous le premier de ces rois à Agnadel et sous le second à Pavie d'où il sortit manchot. François Ier, après l'avoir nommé capitaine du château-fort de Billy, en 1527, confirma, dit M. Victor Meilheurat, l'érection en baronnie de la terre de La Forêt.

10. — **Claude,** son fils, nous apparaît en une carrière assez brillante dans la notice de l'annaliste de sa famille. Baron de La Forêt-Viry (3), chevalier de l'ordre du Roi, ces titres répondent à la distinction de ses débuts. — « De toute ancien-
» neté, dit un de ses contemporains (4), nos rois ont accous-
» tumé de prendre les enfants des grandes et illustres maisons
» de leur royaume, et en tirer du service, ou auprès de leurs
» personnes, ou les mettre avec nos princes leurs enfans
» pour apprendre la vertu, afin que devenant en l'aage de
» porter les armes, ils soient employez aux charges d'impor-
» tance..... pour à quoy parvenir ils s'esvertuent à toutes

---

(1) *Noms féodaux*, tome II (édit. 1826), art. Viry.
(2) *Noms féodaux*, tome I, p. 413.
(3) L'auteur de l'*Armorial du Bourbonnais* récuse cette érection en baronnie du fief de La Forêt.
(4) Noble homme Vincent Carloit, dans les *Mémoires de François de Scepaux sire de Vieuville*, maréchal de France, — mémoires qui s'étendent sous François Ier, Henri II, François II, et ont dû être achevés sous Charles IX.

» louables actions et exercices, méprisants la mort et la vie,
» de cette sorte qu'ils ne pensent qu'au point d'honneur. »
— Claude de Viry, en son adolescence, avait été admis à cette école tant recherchée des jeunes nobles ; il était page, ou, comme on disait aussi, *enfant d'honneur* du Dauphin fils de François Ier. Avec les jeunes gentilshommes de la Cour qu'un enthousiasme guerrier avait fait voler en volontaires en Italie dès que le roi eut permis de risquer la bataille, il prit part en 1544 à la victoire de Cérisoles. En 1546, il épousait Louise de Thélis. Elle était petite-fille de Louis de Thélis, le déclarant du fief de Putey en 1488. Dès lors, si ce fief avait jamais été scindé entre Thélis et Viry, cette union put le ramener entièrement, comme nous l'avons dit, à ces derniers. — Le nom de Thélis était bien connu au XIVe siècle et au XVe dans la noblesse du Haut-Beaujolais. Cette province, entrant avec le Forez dans le domaine des ducs de Bourbonnais, la facilité et la fréquence des rapports qui en résultaient et dont nous voyons de nombreux exemples, surtout quand la duchesse Anne illustrait dans le nom de Bourbon celui de Beaujeu, l'existence en Forez d'un Pierre de Rougemont en 1374, ancêtre possible de Françoise de Rougemont, mère de Louise de Thélis, tout cela rend probable l'identité des deux familles beaujolaise et bourbonnaise (1).

*
* *

(1) La souche beaujolaise figure au moins dès le XIVe siècle, surtout dans les environs de Thizy, ville qui confine au Forez. La présence à Putey, vers 1580, d'un tisserand natif de Mardore, près Thizy que nous citons plus loin, pourrait être un nouvel indice des relations entre les deux provinces, dues à l'influence d'une famille seigneuriale possessionnée à la fois dans l'une et dans l'autre. Parmi les Thélis du Beaujolais, on peut citer : Jean, nommé lieutenant-général de ce pays en 1369, par Antoine sire de Beaujeu. Il avait eu une transaction avec Jeanne de Châteauvillain, en 1347. Son fils Jean a une rente en la châtellenie de Thizy, en 1380. Guillaume de Thélis avoue le four bannier de Thizy, en 1375. Jocerand de Thélis dénombre, de 1465 à 1477, diverses terres et seigneuries en Beaujolais. Antoine, qui fait aveu des mêmes biens, en 1505, était écuyer des écuries d'Anne de France, duchesse de Bourbonnais (V. *Noms féodaux*).

Durant toute cette période, quels que soient ses seigneurs, l'humble manoir de Putey n'a guère eu de part au récit. Depuis Pierre en 1353, qui l'habite, les documents ne nous ont permis que d'y entrevoir ses maîtres. Un peu plus détaillés et plus locaux désormais, ils ouvriront la porte du logis. Nous verrons le châtelain dans sa résidence, parmi les joies ou les douleurs de son foyer. Dans une petite revue chronologique entreprise autour du manoir et du village, nous essayerons de ne le point isoler de son centre social : heureux si nous pouvons découvrir, au reflet du château, quelque obscur mérite abrité sous la chaumière, et quelque exemple de la sympathique solidarité, entre les classes, que la Religion avait souvent réussi à infuser à travers cette ancienne société, dont la nôtre critique à bon droit les torts, mais plutôt en les remplaçant qu'en les corrigeant.

II

Antoine de VIRY et Charles PERNIN

(1575-1641)

11. — Antoine de Viry, écuyer, second fils de Claude et de Louise de Thélis, saluant son frère aîné Jean du nom de seigneur de La Forêt, n'eut en partage que Putey ; mais, du moins, il l'habita. Il vécut, semble-t-il, plutôt d'une existence de gentilhomme campagnard que de celle d'un homme d'armes. En tous cas, les documents le rencontrent fidèle à son domicile depuis 1575 environ jusqu'au début du siècle suivant. Plus modeste en apparence que ses devanciers, c'est sur sa période pourtant que nous allons nous étendre davantage et c'est lui qui nous fera connaître le mieux les limites et la composition de son fief. M. Victor Meilheurat dit à tort qu'il n'eut point de postérité. Nous le suivrons, avec Péronne de La Vesvre, sa femme, dans les vicissitudes d'une vie pleine du deuil de leurs enfants.

1583. — Le 6 novembre, leur fille Françoise est baptisée. La coutume du temps et du pays donnait souvent deux parrains et deux marraines à chaque enfant, sans doute afin que si l'un d'eux manquait, l'autre y suppléât. Françoise eut, en effet, deux marraines : « Madame Jehanne de Toursy et » damoiselle Catherine de Saint-Tellier, femme de noble » Jehan de Viry, seigneur de La Forêt. » Le parrain était François de Ramilly, seigneur de Charnay, cousin du père.

1586. — La seconde fille, « Cathelline », était née au commencement de novembre 1586. A cette occasion, Putey voit arriver un chevalier de Malte, Annet, *alias* Amé de Viry, frère de l'écuyer, qui sera parrain de l'enfant, et damoiselle Catherine de Beaulmont, veuve de ce Claude de Buffevan dont les ancêtres ont été capitaines de Saligny (V. g. 1509) ; elle vient de cette paroisse, où s'élevait la maison seigneuriale de Beaumont, de nos jours remplacée par un domaine. Elle sera marraine avec damoiselle Catherine de Saint-Tellier, femme de Jean de Viry l'aîné. Mais cette petite « Cathelline » mourait dès le mois de février suivant.

Vers cette date se place l'issue d'un procès (mars 1586) qui avait été porté au Parlement de Paris et dont nous n'avons vu que le jugement sans détail. Il condamne Antoine de Viry défendeur, à payer à « Pierre Meillin dit Pillet, Martin Defraiz » et Loys de Sainct Aulbin escuier, s^r de La Varenne, à » Saligny, la somme de 225 escus sol, 17 sols, 9 deniers ». (*Archives départementales*, E. 753, série classée par M. Claudon, archiviste.)

1588. — Une troisième fille naît et est tenue sur les fonts du saint Baptême par un autre chevalier de Malte, autre frère de l'écuyer, Claude de Viry, commandeur de Blanday. Peu de titres apportaient avec eux autant de légitime honneur que celui d'être apparenté à ces moines-héros, qui avaient mis en ce siècle le comble à leurs services et à leur gloire, en défendant l'Europe contre les Turcs et en retardant les conquêtes de leurs sultans, par de sublimes sacrifices. La famille de Viry comptait trois autres chevaliers de cet ordre (1) : Jean, commandeur de Bellecombe, frère d'Etienne de Viry, qui vivait à la fin du XVe siècle ; Luc et Georges, frères de Claude, sg^r de Laforêt, et oncles, par conséquent, de l'écuyer Antoine. Ces deux derniers ont dû se trouver sous l'illustre maîtrise de Villiers de l'Isle-Adam.

(1) *Cfr*. M. Victor Meilheurat, *Notice sur la famille de Viry*.

1589. — Baptême d'un fils, Jehan de Viry. Messire Jehan Damas, assisté du seigneur du Vergier et de Champardon Jehan de Cointereau, écuyer, lui donne son nom; la marraine est madame Philiberte de Doyen, fille du feu seig^r de Ferlagne. Dès le 25 octobre, décès de l'enfant. Il est remplacé dans son berceau, le 18 août 1591, par Phillibert, qui bientôt le suit dans la tombe. Ce dernier était le filleul du seig^r de Vesvres, Phillibert des Serpens ou d'Esserpens (*al.* Isserpent). Mais pourquoi dire le seig^r de Vesvres ? Il est aussi seig^r de Magny, à Cublize, et baron de Gondras, dans les montagnes du Haut-Beaujolais ; il possède les terres de Lodde, de Saint-Saturnin, de Boz, celle de Mortillon en partie, et d'autres encore. Ce chevalier de l'Ordre du Roi fournit un exemple de ces grands seigneurs dont les multiples et distantes possessions étaient alors, par les voyages qu'ils y faisaient, par les rapports qu'ils établissaient entre des pays éloignés, un agent continuel de circulation et de mélange entre les provinces. Si ce n'était à l'influence supposée des Thélis du Beaujolais, c'était peut-être à la sienne qu'était due la présence au village de Putey, en 1581, d'un « Pierre de Montouchon tixier de toille », dont nous avons déjà signalé le pays d'origine, Mardore au voisinage de Thizy, aux confins occidentaux du Haut-Beaujolais et non loin de Cublize.

En *1593*, naissance et mort de Policienne ou Adrienne, et, en 1594, mort de Marguerite de Viry, filles de l'écuyer.

Antoine et Péronne de La Vesvre eurent encore plusieurs enfants. Nous connaissons : Gilbert, né et mort en 1597, et Liénore (diminutif d'Eléonore). Cette dernière, que nous reverrons dans la suite, devait son nom à damoiselle Léonore de Saligny, fille de haut et puissant seig^r le baron de Saligny et autres lieux, Gaspard Lourdin, et de dame Françoise de la Guiche. La mère et la fille, marraines l'une et l'autre, étaient venues à Putey-Gilly le 27 décembre 1590. Le sieur de La Brolière, noble Jehan de Villeneuve, s'y trouvait aussi à titre de parrain.

Enfin, comme dernier enfant, nommons Jeanne, née au mois de mai 1601 (1). Dès l'hiver suivant, la mère, damoiselle Péronne de La Vesvre, mourait et était enterrée, le 23 décembre, à Gilly, dans le chœur de l'église, où étaient creusées les tombes des sieurs de Putey et où les restes de ses enfants avaient été « ensépulturés ».

Avant de nous éloigner davantage du XVIe siècle, jetons un coup d'œil sur les événements ou les détails caractéristiques qui se meuvent dans l'horizon de notre châtelain. Des extraits de livres de raison, papiers de famille, recherches aux archives, nous fourniront peut-être quelques traits instructifs.

En visitant les alentours de Putey, nous avons aperçu plusieurs châteaux sur la rive de Bourgogne : Sommery, Charnay, Saint-Aubin, La Bondue, La Motte Saint-Jean. Ils existaient tous au XVIe siècle et, sans doute, bien avant. Leurs possesseurs, comme nous l'ont indiqué déjà les parrainages des enfants d'Antoine de Viry, étaient en rapport de voisinage ou d'amitié avec ce gentilhomme. A ce titre, il est bon d'animer le paysage, des personnages qui le peuplaient alors.

A *Sommery,* le seig^r porte encore le nom de sa terre. C'est Nicolas de Sommery, chevalier, seig^r du Coude, de Chauvanche, du Deffan, l'un des cent gentilshommes de la maison du roi, gentilhomme servant de la maison de la Reine (1575), capitaine de Chevagne, « maistre des eaux et forêts de Bourbonnois, entre les deux rivières ». Sa femme est Jehanne de Toursy. François de Toursy sg^r de Fonjeron, qui possédait aussi une partie de Sommery, avait épousé D^{elle} Claude de Sallezar. Il était mort avant la fin de 1575. — Bientôt Sommery passe à une autre famille. En 1588 apparaît messire Jehan Damas, chevalier de l'Ordre du roi, gentilhomme de la chambre, seig^r de Meulay, St-Riran, St-Bonnet, Chauvanche,

---

(1) Elle eut pour parrain « noble Pierre de Buffevan (*al.* Buffevent), sieur de Beaulmont (de Saligny), et pour marraine damoiselle Jehanne d'Ambly, femme de M. Louis de Ramilly, sieur de Charnay, assistée de la femme de Me François Fromental, marchand à Pierrefitte ».

Sommery, baron de Chandenay-le-Châtel. Je le crois frère de Christophe de Damas, seig^r des Plantais au Donjon, décédé avant juin 1588, époque à laquelle Gilbert, son fils, est présent à Sommery (1). Ce messire Jehan était capitaine du château et ville de Beaune (1569). Sa femme, « haute et puissante Dame » Claude d'Anglure, habite le château de Sommery avec ses enfants et une suite nombreuse. Le seigneur, retenu sans doute dans son gouvernement, figure peu dans le pays. Cette famille quitte Sommery au début du xviie siècle, vers 1605. En avril de cette année, « puissante dame Eléonore de Coligny », épouse de Claude de Gardaigne seig^r de Beauregard, est marraine d'un métayer de Sommery. Puis, ils ont une fille, le 19 juillet, même année, qui est baptisée dans la chapelle de Sommery. Nous voyons ensuite noble André Mont, seig^r de Sommery et Fonteste, et Olympe Daget, sa femme (1632).

Saint-Aubin, Chirat et *Chauvanche* en partie, appartenaient à messire Claude d'Ambly, capitaine de Bourbon-Lancy, époux de Tristaine d'Aulenay (1580, id. 1588-1593-1598). Il était père de Jeanne d'Ambly, mariée à Louis de Ramilly.

Claude d'Ambly-Ramilly, écuyer, possédait Saint-Aubin en 1620.

Charnay et *La Bondue* avaient pour maître : François de Ramilly, écuyer (1583); puis Louis de Ramilly, écuyer, époux de Jeanne d'Ambly (1588); puis Claude de Ramilly, fils de Louis et de Jeanne d'Ambly, dit *Alias* de Charnay (1596).

L'imposant châtel de *La Motte Saint-Jean* était aux mains de Gaspard Lourdin, *alias* Lordin, qui possédait aussi le Rousset et dont le fief héréditaire était surtout sa baronnie de Saligny. Cette dernière nous ramène sur la rive gauche et bourbonnaise de la Loire, à laquelle appartient Putey, et où

---

(1) Suzanne, fille de Christophe Damas, était aussi à Sommery, le 24 janvier 1593. Une autre de ses filles, Jehanne, épousa, le 25 8bre 1593, en la chapelle de Sommery, noble Pierre de Buffevan, sieur de Beaulmont, de la paroisse de Saligny.

Pierrefitte élevait encore quelque tour de ce puissant château-fort, qui avait été restauré par l'illustre Jean de Châteaumorand, en 1415 et 1416 (1). Ruiné dans le courant du XVIᵉ siècle par des guerres que l'on n'a pu préciser jusqu'à ce jour, ce château, ou plutôt la seigneurie dont il était le siège, appartint jusqu'à 1793 à la célèbre famille de Lévy-Châteaumorand. Il ne servait plus guère, en 1580, de résidence seigneuriale et son possesseur était alors le bailli de Forez, Anne d'Urphé, qui le tenait de l'héroïne de l'Astrée, Diane de Châteaumorand, sa femme.

En poursuivant la route vers Digoin, l'on rencontrait *Vesvres* et *Mortillon*, dont le seigneur, à cette date, nous est déjà connu, et le *Péage* appartenant à noble François Daval, écuyer (1596).

A côté de ces voisins, il en était un, plus grand seigneur qu'eux tous et avec lequel ils avaient à compter. Généreux, mais quelquefois terrible, il répandait l'abondance et, de loin en loin, la désolation dans la vallée. C'était la Loire. Elle faisait, dans la fécondité séculaire et renouvelée de son chambonnage, pousser ce froment qui donnait aux charretiers et bouviers du château de Pierrefitte, au XVᵉ siècle, des miches de pain blanc signalées dans les comptes du Receveur. Mais, par contre, avec quelles préoccupations les riverains épiaient, après les longues pluies, la voix grossissante du fleuve ! Dans chaque bourg, il avait ses chroniqueurs. C'était, avec les surprises des saisons, les gelées, les « *battures* » (orages de grêle), les grandes nouvelles que les historiens domestiques notaient dans leurs livres de raison.

Où est le temps où, comme pour le bon curé (2) qui écrit l'un de ces « mémoyres », planter une vigne était un événement paroissial, où un grand vent, une épidémie, un pèlerinage, une procession, formaient, de loin en loin, un point culminant

---

(1) Communication de M. l'abbé Reure.
(2) M. Charbonnier.

de la vie publique. Nous avons les journaux. Mais ils n'ont plus ce goût de terroir, cet arome d'intérieur, cette chaleur du foyer.

N'importe ! « heureux les peuples sans histoire » ; car, si petite soit la leur, c'est souvent l'épreuve qui l'écrit.

1576. — « Nota que le 29 apvril, le 1 et 3 may, la gellée a
» gasté grant quantité de blé et vignes et mesme en le village
» de Putay. »

1582 est une année mouvementée. Le 11 août, la grêle saccage les vignes et, le 26 août, l'inondation couvre tout le chambon de Gilly, si vite, que Mc Broussut (*al.* Brossut) n'a que le temps d'aller « quérir les pontheniers de la Bourse avec leur
» chevière pour enguester les vaches qui estoient audit cham-
» bon » et « le mitier (métayer) de Chauvanche print ung
» lievre sur ung genest où il s'estoit mis à cause de l'eau. »

1586. — La peste est signalée ; en août la mortalité augmente. De plus, en septembre, très forte crue de la Loire, qui noie beaucoup de gros bétail.

1587. — Autre inondation, aussi désastreuse où elle passe. N'oublions pas que nous sommes encore dans les troubles des guerres civiles et au cœur de la Ligue. En juin, du 25 au 27, passage de gens de guerre qui, durant ces deux jours, séjournent dans le pays et font de « grands dégâts aux fro-
» ments, soigle, tramois et grande ruyne de tout le bestial et
» meubles ». Ils arrivent à Gilly, vers 2 h. de l'après-midi, le jeudi 25. C'étaient les régiments de « M. de Sacemore (1) et de M. de Villebouche ».

---

(1) Ce capitaine devait être ligueur et je crois le reconnaître dans le « Sacremore », dont le journal d'un contemporain, quelques mois après ce passage à Gilly, relatait la mort tragique :

« En ce tems (30 x^{bre} 1587), vinrent à Paris nouvelles de la mort du capi-
» taine Sacremore, tué à Dijon par les mains du duc de Mayenne son maistre,
» à cause de quelques fâcheux propos que ledit Sacremore avoit esté si témé-
» raire de luy tenir à sa barbe touchant le mariage d'entre ledit Sacremore
» et Mademoiselle de Villars, fille aisnée de Madame du Mayne, laquelle

1594. — Un fait bien rare se présente : les gens de Putey, qui n'ont pour arriver à leur clocher que la « route du Pontonier », traversent la Loire, pendant un mois, sur un pont immense s'étendant depuis la Cornière jusqu'à Digoin. « Le
» sabmedy 24ᵉ jour de décembre, Vigille de la Nativité nʳᵉ
» Seigneur Jésus-Christ, la rivière de Loyre à force de glace est
» prinse environ l'heure de Vespre et le lendemain... on a passé
» lad. rivière à pon de glace en cedit lieu de Gilly... mesme
» messire Jacques Boisseau dict Tevenet prêtre de la paroisse
» de Pierrefitte qui vint ledit 24ᵉ pour ayder à dire matine à
» messire Pierre Charbonnier prêtre curé de Gilly ; et incon-
» tinent que Jehan de la Motte pontenier de Gilly l'eût passé
» et moings d'un demy quart d'heure après ladite rivière fut
» prinse de glace, et ledit jour de Nativité, le matin envyron
» soleil levé ung nomé Denis Cernin passa sur ladite rivière
» à pon de glace ; ainsi fit ung nomé Jacques Belin dict Colin,
» et ledit jour de Nativité nostre Seigneur J.-C. après que ledit
» messire Jehan Boysseau eût aydé à dire Vespre audit curé,
» il s'en retourna à Pierrefitte et y passa à pon de glace et on
» a passé ladicte rivière à pon de glace sans rompre, despuys
» ledit 24ᵉ décembre 1594 jusques au vendredy 22ᵉ janvier
» 1595, feste de Monsieur sainct Sébastien et sainct Fabien
» que ladicte glace se rompit, envoyron les onze heures ou
» midy. »

Le 19 juillet 1604, une trombe d'eau rompt les 3 chaussées des moulins de Saint-Aubin. Signalons enfin une très forte inondation du 12 au 17 octobre 1608. Les meules de paille et blé qu'on appelait dans le pays *muches* et *meaulx* sont emportées, notamment chez Mᵉ Sébastien Vaillant, pʳᵉ à Gilly. Beaucoup de bétail est noyé.

» ledit Sacremore maintenait luy avoir esté promise par le Duc de Mayenne
» et sa femme, et bien davantage, ladite fille s'estre obligée à l'espouser. »
(V. *Journal des choses mémorables advenues durant le règne de Henri III*, dans le *Recueil des pièces servant à l'histoire de Henri III*. (Cologne, 1699, t. I, p. 106). Ce journal est de Pierre de l'Estoile ; il a été imprimé aussi sous le titre de : *Mémoires pour l'histoire de France* (Cologne, 1719, t. I, p. 233).

Mais il est temps d'arrêter cette trop longue exploration pour relater quelques renseignements qui se présentent sur l'état social et essayer d'entrer, après cette course en plein air, dans l'âme même de nos contemporains d'un moment à la distance de trois siècles.

Sous l'influence de l'impartiale école historique moderne, les esprits libres de préjugés reconnaissent aujourd'hui le long effort accompli par l'Eglise pour plier l'antique orgueil à voir dans les déshérités d'ici-bas non plus des esclaves, mais des frères d'origine et de destinée : conception qui nous est naturelle et sacrée, mais qui était, il y a deux mille ans, socialement méconnue et, pour ainsi dire, inconnue dans l'éclat de la civilisation. Depuis lors, si ce sens de la dignité humaine, relevé par la charité du Christ, a trouvé dans le paganisme toujours subsistant des passions soit mondaines, soit batailleuses, d'opiniâtres résistances et de cyniques mépris, du moins, sa marque n'est absente d'aucun siècle de nos annales; elle se rencontre, à côté des abus, des violences ou des crimes, jusque dans les documents de nos villages. C'est au pied des autels, dans la touchante cérémonie du Baptême, où tous les chrétiens naissent enfants du même Dieu, et en laquelle Hermès (1) avait affranchi ses 1,250 esclaves, que l'Eglise avait convié le premier patronage des puissants. Chacun sait que dans les temps où les usages catholiques étaient vivifiés par l'esprit qui les avait produits, les parrainages des riches étaient une coutume très recherchée des uns, fort bien accueillie des autres. Les personnes influentes d'un pays voyaient se multiplier dans les jeunes générations les liens de cette parenté spirituelle que la noblesse et la bourgeoisie contractaient avec leurs métayers et leurs voisins peu fortunés. Cet usage prévalait alors dans le centre que nous étudions. Nous en citons, en note, pour ne pas trop retarder le récit, quelques

---

(1) Il est ici question du baptême d'Hermès, préfet de Rome sous Trajan.

exemples, pris entre beaucoup d'autres, et relatifs surtout à nos châtelains ou villageois (1).

Un trait plus significatif et moins connu peut-être, c'est la réciprocité affectueuse et chrétiennement familière qui faisait choisir à des nobles, puissants par les charges, la naissance et

(1) *1578* (10 juillet), « a esté baptisé Anthoine, fils de Gilbert Landriot et de » Claude Bourday sa femme. Ses parrains : noble Anthoine de La Foretz, » seigneur de Putay » (Antoine de Viry ainsi nommé parce que ses auteurs étaient seigneurs de La Forêt d'où il était sorti), « et Anthoine Baillon dict » Cornu, et sa marraine Louyse Pariset femme François de Bourna. » (*Registres Gilly*.)
— *1581*. « Le 3ᵉ jour de septembre a esté baptisé Anthoine fils de Jehan » Beugnot et de Bonnette Davendre sa femme et ont esté ses parrains noble » Anthoine de Viry, seigneur de Putay et Jehan Briganlt dict Baillon, et sa » marraine Damoyzelle Claude de Sallazar. » *Ibid*.
On voit que, par la coutume de prendre plusieurs parrains et marraines, les parents savaient satisfaire aux droits de leurs familles, sans se priver de la tutelle du seigneur.
— *1582*. « Damoizelle Perronne de La Vesvre femme de noble Anthoine de Viry », est marraine de Pierre, fils de Symon Desboys, avec Pierre Debourna et Pierre Baillon pour compères.
— Le dimanche 22 juin, « frère Claude de Viry, chevalier de St-Jehan de » Hierusalem, commandeur de Blanday », étant à Putay, est parrain à Gilly de la fille d'un paysan du village.
— Le 10 février 1603, est baptisé, en l'église de Diou, François « filz de » Morise Voysin ; ..... marraine damoizelle Françoise de Viry, fille de noble » Anthoine de Viry, sieur de Putay. »
Ces actes se continuent, plus ou moins répétés, pour les divers possesseurs qui se sont succédé à Putey. Mais parmi les noms qui reviennent le plus souvent, il faut citer surtout Madame d'Anglure, dame de Damas, à Sommery, ou ses fils et ses filles, alors adolescents. Il ne se fait pas quatre baptêmes dans les paroisses où s'étendent ses domaines, notamment à Gilly et à Fonteste, sans qu'elle y soit comme marraine ou y envoie ses enfants. Parfois, ils ne peuvent venir. Alors, ils sont représentés : madame, par des demoiselles de service, nobles elles-mêmes, et les jeunes Damas, par des pages. En 1589, paraissent dans de telles circonstances « damoizelle Philiberte Prevost, fille de noble homme Gracien Prevost, au service de madame d'Anglure » ;
— « damoizelle Jacqueline des Héronneaux, fille de feu noble Martin des Héronneaux dit de Von Vignebour et damoizelle de chambre de ladite haute et puissante dame » (cela rappelle le testament de Diane de Châteaumorand) ; — en 1600, « noble et honneste filz Claude Tivalet, page de Monsʳ de St-Riran » (Jehan Damas). — Les traditions germaines, subsistantes durant le moyen âge, et que l'Eglise, gardienne de la dignité humaine, avait en ce point, fortifiées, se prolongeaient jusqu'à cette époque, en attachant à l'état de serviteur un caractère honorable qui n'existait pas dans le monde romain. Il y avait une domesticité noble à côté de la servile : les jeunes gentilshommes commençaient par servir dans les châteaux. De page on passait écuyer : toute la hiérarchie féodale était une longue chaîne de services, depuis le serf jusqu'au roi.

la fortune, leurs métayers ou serviteurs comme parrains de leurs propres enfants. A cette époque, où les familles étaient nombreuses, quand les parents avaient eu leur tour auprès des fonts baptismaux, c'était celui des amis, et les bons métayers d'alors étaient du nombre.

Citons :

« Jehan et Margueritte, frère et sœur, filz et fille de haut et
» puissant seigneur messire Jehan Damas... et de haute et
» puissante Dame Claude d'Anglure sa femme et compagne
» ont été baptisés, et ont été parrains audit Jehan, Bastien de
» Beaufran et Blaise Fabet mitiers dudit seigneur Damas,
» demourant au village de Sommery, et marraine, honneste
» femme Dame Phelippe Chauffault ; — et a esté le parrain
» de ladite Margueritte, Berthollomier Pelletier serviteur
» domestique dudit seigneur... etc..... et ont esté baptisés en
» la chapelle de Sommery, paroisse de Fonteste, ce jourd'huy
» sabmedy 5 may 1590. (1) »

— « Policienne, fille de noble homme Anthoine de Viry et
» de Damoiselle Perronne de La Vesvre sa femme et com-
» pagne, a esté baptisée ce jourd'huy mardi 5 janvier 1593 et
» est née le sabmedy 2ᵉ dudit moys et a esté son parrain
» Bastien Ralle (2) et ses marraines Marie Begua, femme de
» Claude Moreau, mitier audit sieur de Putay, et Louyse fille
» de Léonard Jacquet. »

— « Gilbert, filz de noble homme Anthoine de Viry, sei-
» gneur de Putay, et de damoizelle Perronne de la Vesvre, sa
» femme..., a esté baptisé... se jourd'huy 28ᵉ jung 1597, et ont
» esté ses parrains, *Guillaume Bourday* et Anthoine Pasquet et
» sa marraine Marie Begua, femme de Léonard Moreau. »
(Laboureurs de Putay ou habitants du village.)

Ce n'est point ici le lieu d'apprécier l'idée de solidarité sociale, la sagesse pratique de cette institution du métayage,

---

(1) *Registres Gilly, Fonteste.*
(2) Bastien Ralle était « escareur de bois ».

ancienne comme les besoins qui l'ont produite sans l'intervention arbitraire et théoriste de l'Etat, vénérable comme ces coutumes dont la durée provient d'une entente exacte des droits et qui empruntent la permanence de la Justice même qui les inspire. Mais nous donnerons ici une liste de ces laboureurs, nourrisseurs du pays, dont le rôle obscur n'est certes pas inférieur, devant Dieu, à celui des défenseurs du sol.

Dépourvue d'événements pittoresques et saillants, la petite histoire d'un village n'a qu'un intérêt local (et, encore, beaucoup ne lui en trouvent aucun), à moins qu'elle ne présente la peinture vraie des vicissitudes communes à tous et ce qu'on appelle « *les faits humains* ». Elle tire alors de cette source de notre nature des émotions que tous partagent, parce qu'ils y reconnaissent un battement de leur cœur. Il n'y a si étroite maison, ni hameau si caché, auxquels le passé ne donne ce privilège de solenniser les moindres détails par de brusques ouvertures sur la destinée humaine et par la majesté de la mort. A ces titres, les seigneurs n'ont pas de privilèges. Il convient de descendre de la tourelle à la chaumine. Quand les humbles qui ont passé là sans bruit n'auraient laissé d'eux que des traces imperceptibles, c'est quelque chose d'imposant que ce silence plein de derniers soupirs éteints, et c'est un voile auguste, celui de ce vaste oubli, étendu sur tant d'existences, tissé de tant de douleurs et d'espoirs au delà.

MÉTAYERS DE PUTEY ET HABITANTS DU VILLAGE

(1353-1645 environ.)

— L'acte de 1285, que nous avons indiqué en commençant ces notes, parle déjà du village de Putey, qu'il désigne en latin sous le nom de « *villa* », lequel avait aux XIIIe et XIVe siècles le même sens que *vicus* ou *villagium* (1) : « *apud Putei et in pertinenciis dicte ville* ».

(1) D'après un docte et obligeant archiviste qui se réfère à de bons textes, et entr'autres à du Cange. Il y est dit que *villa* après avoir été synonyme de

— L'acte de 1353, aussi relaté, par lequel Pierre de Putoy fait aveu à Pierre duc de Bourbon, comte de Clermont, à Palluet en Auvergne, de cens et droits à Putey, cite les premiers habitants du village que nous connaissions. Ce sont des tenanciers, possesseurs de ténements situés « *in villagio seu bordelagio vocato de Putay* ». Savoir :

Jean Graculet al. Gatulet ; — les enfants de Pierre Natis ; — les héritiers de Bernard Natis ; — Jean et Robert Natis ; — Jean Natis qui doit 12 sols, 3 bichets seigle sur un ténement nommé « Dieu-le-fit » ; — la veuve et les enfants de Hugues Partier ; — Catherine veuve de Jean Gatulet et ses enfants ; — enfin les enfants d'André Moreaul (1).

Deux cent cinquante ans plus tard, nous allons retrouver quelques-uns des mêmes noms ; revenons à la fin du XVIe et au début du XVIIe siècle. Nous rencontrons :

« Jehan DESVAUX, mitier de M. de Putey » (1580) ; — Mathieu DESVAULX et Pierrette BARDET sa femme « demeurant en la métairie de M. de Putay » (1578) ; — François DESVAULX, id. (1580) ; — Claude al. Léonard MOREAU, « à présent mitier de M. de Putey » (1588), sa femme Marie BEQUA, qui est marraine d'une fille du seigneur de Viry (1593) ; — Gilbert BERGER (1593), « habitant la métairie de M. de Putey », paraît être dans une position aisée : il fait enterrer son fils dans

ville (*civitas*) et d'agglomération rurale et mas agricole, prit, vers le XIIe ou XIIIe siècle, plus spécialement la signification de village : « *ubi villa sensu usurpatum pro* « *vicus* » gall. village », ann. 1251-1386.

(1) L'acte fait ensuite mention des habitants suivants du village de Diou « *in villagio de Dio* » qui tenaient des biens du fief de Pierre de Putey : Jean Polinart ; — la veuve de Melhet ; — Douceron, veuve de Jean Petit ; — Perrin fils, à la Marilher ; — le nommé Tion ou Tiona, Jean Torranc, Guilhimat au lieu et place de Marilher ; — Jean Jantiz ; — la veuve de Copane ou Companc ; — Pierre Litanz ; — Guillaume Chilote ; — Guillaume Meygnart ; — Cosin de Dio ; — Jean fils de feu Perraud à la Soule ; — la nommée Bonigerse ; — Jean Mathée ; — Morel de la Tiere « *Morellus de la Tiere* » ; — Gaillaut de Dio ; — le nommé le Bonhomme ; — Jean Jaudiz ; — Denis Champart décédé. — L'acte est daté du jeudi, fête de l'Assomption de la Bienheureuse Vierge Marie, « *anno Domini* Mo CCCo *quinquagesimo tercio* ». Signé : « *Durantus Cochoni. Ita est.* » (*Archives nationales*, P 454⁴, cote IIc XC.)

l'église ; — Antoine Paquet, parrain de Gilbert de Viry (1593) ; — Voysin (Maurice), métayer, épouse une jeune fille de Châtelperron, Catherine du Pesseau (28 octobre 1600) ; — les Villeneufve, lab^rs (1640), l'un d'eux signe ; — les Valletan (1640) ; — Claudine Brugnon, femme Villeneufve (1640) ; — Jehanne Baupin (1640) ; — Estienne Baslier et Sébastienne Debornat du village de Putey (1642) ; — Marc Gousset et Jehanne des Vernoys, « mestayers à Putey (1642) ; — Jehan » Gousset et Antoinette Jacquet, mestayers demeurant en » la métairie proche le château et maison de Putay » (1643) ; — Jehan Doyen et Mayette Ternat, « laboureurs, métayers du Perroyer au village de Putay » ; — Gilbert Rappiat et Angélique Doyen sa femme, métayers au Perroyer en même temps que les précédents (1644).

Entre tous, donnons une place à part à Guillaume Borday (*al.* Bourday, *al.* Bordel), père d'une nombreuse famille qui habite le village. Il y est propriétaire et tenancier du seigneur de Putey, et chef de sa communauté. Né vers 1547, marié à Gilberte Landrin, Péronne de La Vesvre, la dame de Putey, avait été marraine de son fils Pierre en 1587, comme lui-même avait été, ainsi que nous l'avons vu, parrain de Gilbert de Viry, fils du seigneur. — C'était un travailleur juste et craignant Dieu, portant une âme saine dans un corps sain et, en 1647, âgé de cent ans, ce patriarche du village gagnait encore sa vie au travail, entouré de l'estime, de la vénération de ses voisins, quand, pour des difficultés de tailles, les sergents du fisc font irruption chez lui, prennent son bétail, ses meubles et le contraignent d'abandonner sa maison, lui et ses enfants, et d'aller se réfugier à la Chaulme, village situé, je crois, en Bourgogne, où il meurt après trois ou quatre mois. M. l'abbé de Fontjeans, qui l'avait consolé dans cette extrémité, raconte le fait avec indignation en faisant de cette vénérable victime de la dureté du fisc un éloge ému. « Il a toujours » vescu, dit-il, dans une grande réputation et probité de bien » faire. » — Il l'enterra dans son église.

Quelques Domestiques de Putey. — Nicolle Boyvin, servante de M. de Putey (1582) ; — « honneste filz Jacques de la Pierre natif du bourg du Donjon représente l'écuyer comme parrain (17 may 1592) » ; — Toussaint Dorard et Martine de La Forest sa femme, demeurant en la maison de Putey (1639, m^ire Pernin et Eléonore de Viry étant alors seigneurs).

Sans pouvoir en tirer une conclusion, nous ferons encore une remarque ayant trait aux rapports des classes et à leur mélange. Les mêmes noms de famille sont portés dans le même temps et les mêmes lieux par des nobles et des paysans ou marchands. — Ex. : Damas, à Gilly, une paysanne et des baronnes ; — De La Vesvre, de petits propriétaires et madame de Putey ; — un de Villeneufve seigneur, des de Villeneufve laboureurs. — Une Charlotte de Lespinasse, femme du peuple, et des Lespinasse d'antique noblesse.

Connaissant quelques-uns des travailleurs de la terre, nous avons maintenant à visiter la terre elle-même. Nous le ferons en l'année 1609. C'est l'année du dénombrement de Putey par l'écuyer. Me Chantereau est alors procureur du roi à Bourbon-Lancy. Le notaire royal, Jacques Guerry, de cette vieille famille de tabellions et de châtelains qui instrumentent et jugent à Pierrefitte depuis plus d'un siècle à cette date, vient recevoir les déclarations d'Antoine de Viry qui fait serment devant lui. Suivons-les vers les confins et notons les grandes lignes.

PUTEY EN 1609

Putey est de Bourbonnais, châtellenie de Moulins, de la vassalité du Roi, de la justice des Basses-Marches du Bourbonnois, au siège de Diou.

Tout d'abord, observons « la maison de Putay, la mothe,
» les foussés, granges, estableries, coulombiers, garaine,
» jardin, chenevière ».

A côté, sont les bâtiments d'un des domaines de la terre, celui qui est appelé la métairie du château. Ils consistent en une maison, une grange et une vacherie.

Autour des fossés, du jardin et de la chenevière, s'étend un pré nommé le « pré dessoulz la maison ».

Le long des fossés, à l'ouest, du côté du pont du château, passe un chemin venant du nord au sud-ouest qui communique avec le grand chemin de Diou à Pierrefitte et, en ce point, à l'angle des deux chemins, s'élève un grand chêne (1). Après avoir dépassé Putey, le chemin dont nous parlons monte vers l'étang du Perroyer (2), en longeant la métairie du Perroyer qui appartient aussi à Putey. Il s'engage ensuite dans les bois et se continue sans doute vers le Miez et vers Saligny. Un troisième chemin, suite du premier, s'embranche avec la route de Pierrefitte à Diou, et se dirige vers la Loire au nord ; c'est celui que les habitants de Putey prennent pour aller par le bac à Gilly leur paroisse, dont l'église et les maisons dominent le fleuve du haut d'un banc de rocher appelé le *Perron de Gilly*. Tels nous apparaissent les débouchés dans l'année 1609.

Propriété Foncière. — Elle comprend :

1° Le Pourpris de Putey, dit aussi *ténement de Putey*, s'étendant autour du château et contenant : en prés, l'œuvre de 40 hommes ; — en terres labourables, 40 bichetées ; — en bois et pasturaux, 30 bichetées environ.

2° Un pré, appelé de *la Voie* ou de *la Voix*, « contenant à

---

(1) Une croix existait à cet angle en 1752. (*Terrier de Sept-Fons, à cette date.*)

(2) L'*étang du Perroyer* dépendait des seigneurs de Pierrefitte. *Cfr.* le Terrier de cette seigneurie en 1525 (*Archives départementales de l'Allier*). On y lit : « ung estang appelé l'estang du Perroyer, lequel empoisonne de
» 3 milliers de poissons ; ensemble la pescherie au-dessoulz avec ses aysances,
» qui contiennent envyron 200 bichetées de terre, tenant de soleil levant et
» midi et soleil couchant ès terres appelées du Perreux, appartenant par
» portion audit chevalier (de Lévy-Châteaumorand) ; de vers bize ès terres de
» ceulx de Putay, un foussé entre deux. »

» croistre 25 charetées de foing ou environ, situé proche
» dudit ténement de Putay, avec un bois y adjoignant ».

3º Un ténement de terres labourables de 25 bichetées d'étendue, appelé les *Graives* et situé près de Putey, le long de la rivière de Loyre au nord et confinant, d'autre part, au Chambon de Gilly et aux ganches de Putey.

4º Un ténement d'héritages inondé en partie par la Loire et dans lequel sont des ganches et eaux mortes délaissées par le fleuve, appelé les *ganches de Putey*.

5º Un autre ténement, alors en bruyères, dit *les Beluzes*, situé entre le village de Putey et les ganches. On ne donne pas son étendue.

6º L'*étang de la Dame* (1), « de l'empoissonnement de 300 de nourrins », qui joint d'orient les terres des Tâches et de midi et occident les *bruyères communes* dudit lieu de Putey, pacages où les habitants du village ont le droit de mener paître leur bétail. On les appelle : *Bruyères de Gevaudan*. — Au nord, l'étang de la Dame confinait à la métairie du Perroyer dudit seigneur.

7º Trois domaines, au territoire de Putey, qui sont, si je ne me trompe, la métairie de Putey, les Branquets et le Perroyer ; chacun d'eux a 6 bœufs de labour.

L'écuyer et ses métayers ont un droit absolument gratuit de pacage et de chauffage dans « les bois et brossailles appelés *les Brosses de Diou* ».

Voilà le domaine territorial du fief ; voici les droits seigneuriaux qui y étaient alors attachés :

Droits. — I. La nomenclature de ces droits nous présente tout d'abord un vaste espace de bruyères et de landes giboyeuses, et des ouvriers occupés à les défricher pour y récolter le seigle ou le froment. Ce sont les *Tâches de Putey*, dont les *dixmes* et

(1) Il appartient actuellement à M. Bernachez, de Diou, agronome bien connu.

les *tailles* appartiennent pour un quart au sieur dudit lieu et pour les 3 autres quarts aux seigneurs de Pierrefitte et de Vesvres.

II. Un droit de dixme qui se lève dans les varennes de Putey, où il se partage entre le seigneur du lieu, le roi, les religieux de Sept-Fons, le curé de Gilly et d'autres encore. Il peut valoir « par commune année » 6 bichets de blé à la part du sieur de Putey.

III. Un dixme perçu dans la paroisse du Pin et lieux circonvoisins, appelé « le *dixme de Putey*, valant en moyenne, toutes charges déduites, « 20 bichets de bled ».

IV. Le droit à prélever sur les terres et bruyères de la *Font du Fourt* en la garenne de Diou.

V. Les droits en argent et denrées à percevoir sur les biens des tenanciers dont les noms suivent :

1. Sur Benoît *Bruley*, 22 sols 6 deniers, 2 bichets de seigle et 4 coupes d'avoine, mesure de Pierrefitte, une poule, une corvée « et les charrois selon la coutume », le tout dû sur la moitié des héritages appelés le *Branquet* au village de Putey ; l'autre moitié en a été acquise par Antoine de Viry, de Toussaint Bruley, père de Benoît.

2. Guillaume *Bourday* doit, pour des biens au village, 18 sols 8 deniers tournois, 2 bichets seigle et 8 coupes avoine, mesure dudit Putey qui est celle de Pierrefitte, 2 poules, 2 corvées avec les charrois ordinaires prescrits par la coutume du Bourbonnais.

3. François *Brugnon*, Jean *Ducrot* et autres successeurs de Claude de Villeneufve dit Daneaudrier doit 38 sols 6 deniers blé seigle 6 coupes, avoine, 7 poules et 7 corvées, de taille, pour le ténement des Daneaudrier au village de Putey.

4. Sur la famille de Jean Gonnin dudit village : argent 3 livres 9 deniers, seigle 8 bichets 3 coupes et 3/4, avoine 6 coupes moins 1/4, corvée 1, géline 1, de taille, à cause de leur ténement des *Jean-Gonnin*, et sur le ténement de la maison

des *Cornus*, au même village, argent 4 sols, 3 deniers, 9 coupes seigle, 1 poule, 1 corvée, de taille.

5. Le ténement des *Danaux* (s. d. aussi Devaux) paye : argent 2 sols, seigle 2 coupes 1/2.

6. Albin du *Metz* (aujourd'hui Miez), pour sa maison au village, 2 poules, 2 corvées, de taille.

7. François *Lonjot*, dit Danaux dudit village, 1 poule.

8. Antoine *Quiard* pour 1 maison et héritage au *Perroyer*, 4 sols, avoine 7 coupes, 2 gellines, 2 corvées, de taille.

9. Me Gaspard *du Vernoy*, de Diou, à cause des biens qu'il tient du sieur de Putey, 5 sols, 2 coupes 1/2 seigle.

10. Gilbert *du Vernoy*, aussi de Diou, 3 sols.

11. Marien *Voisin*, encore de Diou, 3 sols, 4 deniers.

12. Toussaint *Regnaud* et Anthoine *Gangue*, du village du Theil, pour un pré porté de Putey, 7 sols.

13. Gaspard, Marc et Jacques *de Paray* pour leur bien de Paray en la paroisse de Saligny, 5 livres, 10 sols, 20 bichets seigle, mesure de Saligny et 1 poule.

14. Claude *Sotty* dit du Pesseau et ses personniers, à cause de la maison *du Pesseau*, paroisse de Monestay-sur-Loire, doivent 3 livres 10 sols, 12 bichets de seigle, avoine 15 boisseaux, mesure du Donjon, et 2 poules.

15. Claude *Bayard*, Georges-Henri de *Mazilles* pour les héritages qu'ils tiennent de Putey 12 sols, 6 deniers.

16. Jean, Jacques et autres de la maison des *Gourlier*, en la paroisse de Monestay-sur-Loire, à cause du ténement des *Forges* en la même paroisse, 20 sols, 9 coupes avoine, mesure du Donjon.

17. Jean *Taing*, de Vosmas, doit 58 sols.

18. Claude, François et autres personniers des *Reys* (al. *Rays*) en la paroisse d'*Huvers*, à cause de leur ténement des *Reys*, 25 sols, 2 bichets seigle, 12 coupes d'avoine, mesure du Donjon.

19. Jean *Liarmier de Gevaudan*, pour une terre qu'il tient de

Putey aud. lieu de Gévaudan, 1 bichet avoine, mesure de Pierrefitte.

Telles sont les redevances extérieures dues au fief en vertu des aliénations, primitivement consenties par ses anciens seigneurs, du fonds desdits héritages, sous la condition d'une rente annuelle. Ces droits, qui sont l'extension mouvante de sa propriété, représentent souvent des portions de l'état originaire de cette propriété, qui a vu se détacher de son centre, à des époques sans doute diverses, mais anciennes pour la plupart, ces parcelles de son ensemble, livrées à des particuliers qui, recevant ce capital territorial sans l'acheter, s'engageaient seulement à payer, pour sa jouissance, illimitée en durée, une redevance perpétuelle sous le nom de taille, de cens, de dixme, selon les conditions. Les droits comme les devoirs s'exerçant dans la *mouvance* d'un fief reposaient sur les biens-fonds et restaient, dans la suite, indépendants de la qualité des personnes. Ce genre de mainmorte, que des abus nés en lui par l'effet du poids du temps et de l'excessive multiplicité des charges qui s'y ajoutèrent du fait de l'Etat, ont rendu odieux, était assurément équitable dans son principe et a été un point de départ et un acheminement du servage vers la propriété.

Peut-être le lecteur aura-t-il trouvé bien longue et monotone cette visite où notre écuyer nous a ouvert son arche d'archives et exhibé son terrier. La venue de tous ces tenanciers, amenant au jour de « St-Bartholomier » leur géline et leurs coupes de blés, n'est pas, toutefois, sans quelque animation. Nous y avons aperçu des habitants assez nombreux du village. Sept années se passent, et nous les retrouvons, pour la plupart, accompagnant dans le bac, au branle de la Loire, qui berçait là les cercueils comme les berceaux, la dépouille mortelle d'Antoine de Viry. Le 3 octobre 1617, il était inhumé à Gilly, à côté de sa femme et de ses enfants, dans le chœur de l'église.

Ce gentilhomme représentait dans le fief qui nous occupe le type de vieille race, le passé chevaleresque, non par lui-même, qui ne semble pas avoir joué un rôle important en dehors de son manoir, mais par sa famille et ses alliances. — Cependant, les temps modernes sont nés. La puissance féodale achèvera de disparaître sous la rude main de Richelieu et plus encore, plus tard, sous les fleurs de la Cour. Dans peu de temps, va s'effacer le type bien accusé et bien vivace de ces seigneurs habitants et patrons de leur terre, qui ont vie, action et influence au pays, où on les voit partir armés pour la défense du sol et revenir avec de nobles cicatrices ; qui coudoient leurs paysans, sont parrains de leurs enfants et les font parrains des leurs. Versailles va faire croître sur la mémoire des nobles les ronces de l'absentéisme ; on les connaîtra seulement par leurs receveurs, bras et mains impersonnels de leur luxe, qui urgent pour la dîme et les taxes à payer. Le pouvoir central, qui les efface, leur ouvre, pour briller, un tourbillon de plaisirs et de vie factice qui les emporte loin des bases sociales de la réciprocité des services. Et si, parfois, ils redescendent de leur Olympe en leurs châteaux, ils auront perdu le diapason local. Ceux qu'ils appellent de loin, et un peu dédaigneusement, *leurs gens*, les penseront étrangers. — D'ailleurs ils vendent (1). La bourgeoisie des charges et du travail prend dans les bourgs, les fiefs et les champs la place qu'ils ont laissée vide. Le peuple recourt à ses offices. Parfois issue des cadets pauvres de la noblesse, cette classe tend à y revenir ; elle pénètre dans les châteaux en fermiers ; bientôt

---

(1) A l'époque où parvient notre petit récit, la propriété, dans nos campagnes, perd peu à peu de son caractère traditionnel. D'un côté, les *Communautés* commencent à se disperser, après avoir été au moyen âge la citadelle familiale de la vie agricole populaire en Bourbonnais.

D'un autre côté, surtout dans le courant du XVIIIe siècle, on voit de simples cultivateurs acquérir des biens seigneuriaux. Dans les seuls « *Noms féodaux* », et principalement dans les provinces du centre, on compte près de 30 laboureurs, possesseurs de fiefs, en tout ou en partie, de la fin du XVIIe siècle à 1770 environ.

elle les achète et rattache à ses rameaux de vieille souche le grelot et le fruit d'un titre de sieur.

Ces réflexions, n'ayant trait qu'à une portion de l'aristocratie, ne nous sont pas inspirées par nos châtelains, entrevus à travers les deuils, mais par plusieurs de leurs puissants voisins.

La mort a donc battu « *l'hôtel* » de Putey de son aile sombre. Il reste un temps silencieux. Pourtant, le nom de Viry bruit encore sous ses tourelles. Le baptême d'un petit paysan en fait sortir deux personnages nouveaux.

12. — Charles Pernin. — *1625, juin.* — Charles du Mousseaud a pour parrain noble Charles Pernin, écuyer, s^r de Putey ; sa marraine est noble Claude de Viry, religieuse demeurant en l'abbaye de Marcigny. Qu'était le nouveau seigneur (1) ? L'époux d'Eléonore de Viry, l'une des rares survivantes, sinon l'unique, de cette nombreuse lignée

---

(1) Il appartenait à une famille de magistrats dont deux chefs sont désignés ainsi dans les *archives hospitalières* de la ville de Nevers.

a) « Echange de bordelages entre *Jean Pernin*, élu pour le roi en l'élection
» de Nivernois et *Etienne Pernin* son frère, procureur du roi au siège pré-
» sidial de Saint-Pierre-le-Moustier, d'une part et Guy Cotignon... » (B. 35, année 1591.)

b) « Dépenses des semaines à Jean Caffary voiturier par eau 16 livres
» 10 sols, pour avoir mené, dans une cabane, jusqu'à Orléans, messieurs
» *Pernin* et de Sainte Marie, députés par la ville auprès de Monseigneur
» concernant les tailles. » (*Archives de la ville de Nevers*, cc. 256 ; année 1605.) Les mêmes noms et les mêmes personnes me sont indiqués dans la note suivante qui m'a mis sur la voie des origines de Charles Pernin et dont je dois la communication à une double obligeance. Je remercie M. le commandant du Broc de Segange, qui a bien voulu mettre, en ce point, au service d'un inconnu, un détail de ses savantes et solides recherches. « *Jean Pernin*,
» frère d'*Etienne Pernin*, licencié ès lois, eut de sa femme, *Françoise du*
» *Broc*, plusieurs enfants, entre autres *Charles*, baptisé le 23 janvier 1592 à
» Saint-Jean de Nevers. C'est probablement ce Charles Pernin que nous
» retrouvons, en 1633, mari d'Eléonore de Viry, seigneur de Putey en Bour-
» bonnais et père d'une fille nommée *Claude*...

« *François Pernin*, seigneur du *Mont-sur-Loire*, dont *Marie des Prés* était
» veuve en 1634, était un frère du précédent. Charles Pernin eut pour parrain
» Charles de Gonzague duc de Nevers. (Arch. du Cher. E.) »

d'Antoine et de Péronne de La Vesvre. Elle avait fixé le foyer de leur ménage en ce Putey où elle était née. En 1637, ils perdent une fille nommée *Polloxène*, âgée de huit mois, et peut-être l'une des victimes de l'épidémie de petite vérole qui sévissait alors à Putey. A la sinistre mortalité que produit ce fléau, l'on peut juger de l'importance de l'agglomération du village à cette époque (1).

1640. — Les derniers sévices de cette maladie nous ont révélé, dans le hasard d'une note, le dévouement de M. de Fontjehan, alors curé de Gilly, pour assister un malade à Putey. C'était Pierre de Villeneuve, pauvre père accablé, auquel l'épidémie avait enlevé quatre de ses enfants (quatre filles) en un mois. La Loire coulait à plein chantier, par les grandes eaux du mois d'octobre ; la nuit était noire. M. de Fontjehan, dès qu'il peut apprendre l'appel du malade, part. Il éveille les pontonniers. Devant le courant qui gronde dans les ténèbres, ceux-ci refusent de passer. Mais sourd au cri du danger, le prêtre entre seul dans la barque et, au péril du sa vie, « à grand'peine », à travers les rapides et les remous, il apporte au laboureur mourant les consolations éternelles

---

(1) Décès : *1637.* — 22 novembre : Odille Boudaud du village de Putey, maison des Thibaud.

2 décembre : Mathia Villeneufve, du village de Putey, veuve de Crespin-Girard.

1638. — 18 février : Baillon dit Cornu, âgé de 15 ans.

13 novembre : Catherine de Villeneufve, 4 ans, fille de Pierre et de Marie Bernardin.

18 novembre : Claude de Villeneufve, 14 ans, sœur de la précédente.

19 novembre : Françoise de Villeneufve, sœur des deux précédentes.

21 novembre : Gilberte de Villeneufve, sœur des trois précédentes.

2 décembre : Jacqueline Batillat, femme mariée (métairie du Perroyer).

1639. — Benoiste Bourday, fille de Jehan et de Denise de la Croix.

Septembre : Benoiste Brugnon, fille de Toussaint.

Octobre : Antoinette Baillon, fille d'Antoine, un an.

Décembre: Camille de Paray, fils d'Antoine (métairie de la maison de Putey).

Décembre : Gilbert, fils de Toussaint Dorard et de Martine de la Forest, domestiques au château.

et revient encore le lendemain l'assister jusqu'au dernier soupir.

1641. — Peu après ce bel acte de devoir, le 27 septembre 1641, mourait à Putey messire Charles Pernin sieur dudit lieu. Il paraît avoir, comme son beau-père, habité ordinairement ce château. Il y avait eu d'Eléonore de Viry, sa femme, deux enfants, outre Polloxène décédée, (et outre Claude dont la note de M. du Broc de Segange m'apprend l'existence), savoir Antoine né en 1632 et Olympe née le 27 octobre 1633. Je n'ai pas d'autres vestiges d'eux. Eléonore de Viry elle-même, à partir de la mort de son mari, ne figure plus dans les documents que j'ai pu consulter. Voilà Putey comme à l'abandon. Une autre famille va bientôt l'habiter.

III

Antoine DESESSARDS

et ses Descendants.

PUTEY DE 1642 A 1793

La famille Desessards (*al. des Essarts*, *al. Desessardz*) était, dans la magistrature, au xvie siècle, l'une des plus répandues des Basses-Marches de Bourbonnais. Ignorant ses origines, nous la rencontrons, au temps de Henri III, rayonnant, au Donjon, à Coulanges et Saint-Agnan, à St-Léon, à Moulins, autour de son centre et de son berceau que nous croyons à Saligny. C'est dans cette paroisse que M. l'archiviste Vayssière place la maison seigneuriale des Essarts, citée vers 1560, parmi les fiefs vassaux « du chastel et chastellenie de Molins », par Nicolas de Nicolaï. Le village *Essardz* s'y voyait en 1644.

De nos jours, un domaine du même nom y existe encore. Aux alentours de la baronnie de Saligny, foyer féodal, s'étaient élevés plusieurs hôtels nobles : *Beaumont*, *Gentes* (1), *les Essardz*, *Montrousset*, sembleraient avoisiner la terre des *Lourdin*, un peu comme les écuyers accompagnaient le chevalier banneret.

---

(1) *Gentes* a donné son nom à une famille importante ou l'a reçu d'elle. *Ythier de Bazerne*, s^{gr} de Champeroux, d'une race de chevaliers possessionnée aux environs de Bourbon-Lancy, avait épousé Jeanne de Gentes (*al. Jantes*) qui lui avait apporté, je crois, les terres de *Saint-Léger-des-Bruyères* et *du Pin* (an 1401). — V. *Noms féod.*, art. *Bazerne*.

Sans préciser ici des rapports plus anciens, nous voyons encore en 1582 (5 janvier) un Desessards en relation avec un baron de Saligny. C'est François, premier enquêteur en la sénéchaussée de Bourbonnois, auquel « h^t et puissant m^{ire} Lourdin Marc de Salligny, chevallier de l'ordre du Roy, gentilhomme ord^{re} de la chambre, » fait, pour reconnaître de bons et loyaux services, remise des droits dus par ce magistrat, comme vassal, sur la partie de la seigneurie de Coulon qu'il possède du chef de Renaude Gontier, sa femme (1). Citons, à la même époque, quelques autres chefs de cette famille : *Michel*, maître-ès-arts, habitant du bourg du Donjon, qui, en 1587, donne « 100 escus sols, valant 300 fr. » à son frère Germain *Balthazard*, Procureur du Roy aux Basses-Marches, le jour des noces de ce dernier avec Damoiselle Marie Jolly. Je ne sais s'il le faut confondre avec *Michel*, chanoine de N.-D. de Moulins (1586) (2); *Jean*, greffier au siège présidial de Moulins (1586); *Jean*, Bailly du Donjon (1617), frère de dame *Claude*, qui avait épousé Me *Claude Reignaud*, etc.

Tel est le cadre familial à travers lequel apparaît le nouvel hôte de Putey qui, bientôt, sera maître de céans.

13. — Antoine Desessards. — Descendant ou neveu des hommes que nous venons de nommer, Antoine Desessards arrivait comme fermier dans notre fief à la fin de 1641 ou dans le courant de 1642. Né sous Henri IV, sans que je connaisse la date, il était de la génération de Philippe Desessards, avocat en parlement au Donjon, et de celle de Denis Desessards, curé de Saint-Germain-d'Entrevault (3), assassiné en 1644 par un nommé Maillaud « d'un coup de pistollet

---

(1) *Archives dép. de l'Allier*. B. 733.

(2) Cité dans une note due à la bienveillante communication de M. Aubert de la Faige.

(3) Actuellement réunie à la commune de Châtel-de-Neuvre, canton du Montet, près la rivière de l'Allier.

dans le cœur » (1). Son frère *Jean*, avocat en parlement, habitait aussi le Donjon.

Avec Antoine, franchissent le ponceau du manoir, sa femme Marie Symonin et plusieurs de ses enfants. Assurément saint Antoine devait être honoré dans cette famille ; comme le père, deux des fils sont ses filleuls. On ne les distingue d'abord que par les désignations d'*aîné* et de *jeune*, puis par les fiefs que chacun d'eux possédera plus tard. Des filles, deux, tout au moins, accompagnaient leurs parents : *Jacqueline*, bientôt après mariée à Daniel Desbois (2) ; *Françoise*, âgée de 5 ans, (1642). Le 1ᵉʳ mars 1643, fête de saint Aubin, « Madame Deses-
» sarts, honneste femme Marie Symonin, est venue à la messe
» d'enfant et à la purification audit Gilly..., de laquelle l'en-
» fant a esté baptisé à Pierrefitte (3) ». Nous supposons qu'il s'agit ici de la naissance de *Marie* Desessards.

A peine installés, les arrivants exercent le patronage de la famille disparue des Viry. Ils ont vite fait connaissance avec les métayers de la terre : les Gousset, les frères Rappiat qui arrivent de Beaulon, les Brugnon, les Millien, les Perdriseau, etc. En un an, les foyers de Putey s'augmentent de huit nouveau-nés : ils en tiennent cinq sur les fonts du baptême ; un sixième, Jean Cimetière, « filz de Louis, tailleur d'habits du village de Putay, et de Blaise de Chollet », a pour marraine et parrain « haulte et puissante dame *Françoise de La Guiche* et « Monseigneur le baron de Saligny, son petit-fils, nommé

---

(1) *Cfr. Livre de raison du chanoine Symonin* (Archives départementales, Fonds Pierrefitte-sur-Loire).

(2) Ce mariage fut célébré à Pierrefitte, le 13 septembre 1648, « ès présence
» de messire Jean-Claude de Chasteaumorand de Lévy marquis dud. lieu,
» M. Claude Durgond, bourgeois de Bourbon-Lancy, beau-père du futur
» époux, noble Jacques Challemoux controleur de la maison de Monseigneur
» le Prince, M. Adrien de l'Hospital, grenetier au grenier-à-sel de Bourbon-
» Lancy, M. Jean de l'Hospital bourgeois dudit Bourbon cousin-germain dud.
» futur époux, M. Robert Gay, marchand fermier de Beugnet et plusieurs
» autres » parmi lesquels on remarque, à leurs signatures : le commandeur de Fontjean, Cymitière, de Fonteste, J. Baillon, curé de Coulange, Préveraud, Joly, etc. (*Archives départementales.*)

(3) *Registres Gilly.*

» *Jehan de Coligny-Saligny*, absents, et présent pour eulx, quy
» a porté [l'enfant] sur les fonts baptismaux [de] Gilly An-
» thoine de Sainct-Laurent, page de madicte dame, quy a
» signé, et Denise de Chollet, cousine, assistant pour madicte
» dame marraine. » (28 septembre 1643.)

En ce monde d'épreuve, aux carillons des naissances, souvent répondent quelques glas tragiques : le 4 avril 1644, on travaillait dans les vignes, assez nombreuses alors sur les premières ondulations des coteaux de la rive bourbonnaise du fleuve. Le digne vieillard Guillaume Borday, dont nous avons vu, par anticipation, la fin victimée, présidait à ce travail dans le village, au milieu de ses fils. Jean, l'un d'eux, marié, qui venait de faire à Diou son devoir pascal, tombe mort, « suffoqué par une crise ». Quelques jours après, le « bacq » apporte la nouvelle d'un événement qui s'est passé à Sommery, presque en face, sur la rive de Bourgogne. « A esté
» tué malheureusement un palefournier de M. de Freize (1),
» d'un coup de fusil. L'accident est arrivé dans la basse-cour
» de Sommery, innocemment et se jouant par ensemble.
» Monsieur le Sous-Prieur de Freize, religieux, s'y rencontra
» aussitost et luy fist demander pardon à Dieu et luy bailla la
» bénédiction. » — Trois mois ensuite, nouvel émoi sur le rivage : « Mort pitoyable de M. de Charnay, de ses deux
» filles et de la fille-de-chambre. Le dimanche X° juillet 1644,
» M. de Charnay avec ses deux filles et la fille de chambre se
» sont noiés dans Loyre en se bainiant, en présence de
» Damoiselle la mère » (2). A peu de distance, se succèdent aussi trois décès dans le village. C'était en 1645. Le jubilé d'Innocent X, récemment publié, avait son retentissement à ces lits d'agonie.

Parmi ces expressions de la fragilité des choses, se poursuit le labeur du pain quotidien. Lazaire Lermelin, le pon-

(1) Le seigneur de Sommery était alors Louis de Fonteste, écuyer, et sa femme Léonore de Fraize (de Grandval).
(2) *Livre de raison* du chanoine Symonin.

tonnier de Gilly, passe et repasse sans cesse de Bourgogne en Bourbonnais. Jean Desgranges moule sa terre dans la tuilerie de Putey et il y a, autour du château, assez à faire pour que des journaliers de Lucenay-les-Hais, Jean de la Vault et sa famille se fixent au village. Cependant Antoine Desessards s'employait à la direction de son « mesnage des champs ». Il eut à lutter contre une dure série d'années de disette par inondations et orages qui désola les riverains de 1648 à 1654 (1). Ce fut pourtant dans cette période qu'il acheta la terre et le château de Putey. Pour la vente des produits, il occupait une position avantageuse ; car, sans parler de la Loire, un « grand chemin royal tendant de Lyon à Paris » (2), — on dira plus tard « de Moulins à Bâle », — passait devant Putey et trouvait, non loin de là, dans Digoin, et tout près, dans Pierrefitte, avec ses marchés hebdomadaires les jeudis (3) et ses cinq foires annuelles, un débouché facile. Marie Symonin était d'une famille établie dans ce bourg ; elle contribua sans doute à y orienter les relations fréquentes des siens. Cette paroisse importante alors, siège d'un archiprêtré et d'une justice, et qui avait même reçu au XVe et au XVIe siècles le nom ambitieux de ville, était le centre principal de leur vie morale ; ils y avaient une maison ; ils appartenaient à ses confréries et y voyaient entre beaucoup d'autres, M. de La Porte (4) et le châtelain Guerry. Antoine Desessards possédait aussi

(1) « Notandum est tantam famem atque rerum omnium inopiam fuisse illo tempore, scilicet anno millesimo sexcentesimo quadragesimo octavo, quadragesimo nono, quinquagesimo primo, secundo et tertio ut media populi pars ex esurie oppressa ac penitus absumpta mortem opetierit, eo quod istis bonorum penuriæ annis unusquisque præsenti pecunia, frumentum nullum, nullumque ferè panem nancisci atque invenire posset ; venumdabatur tritici semi modius libris tribus, immo etiam amplius ; quamobrem hæc publicis litterarum monumentis ut perpetuam posteritati relinquerem memoriam, commendavi et prodidi. »
Signé : « A. De Lavaivre, tum temporis Giliaci vicarius. »
(2) *Acte de procédure* du XVIe siècle
(3) *Terriers de Pierrefitte* XVIe et XVIIe siècles.
(4) « Noble Jacques de La Porte, homme d'armes, demeurant à Pierrefitte. » Ainsi est-il qualifié comme témoin dans un acte de 1644.

vers Pierrefitte des biens assez notables : au village et port de *La Trèche*, d'une part, où la trace de ses ancêtres était marquée, dès 1508, par une ruelle de leur nom (1); au village *du Chambon*, d'autre part, dont Antoine était le maître et où il avait fait élever ou relever un logis et construire un « Coulombyer » (2). Ce fut, croyons-nous, la restauration modeste de l'antique fief du Chambon qui avait nommé aux xiiie et xive siècles une famille noble (3), laquelle avait vendu, depuis environ quatre cents ans, une partie de ses droits aux Châteaumorand, seigneurs de Pierrefitte. Ce domaine du Chambon, voisin de la grande communauté des Boisseaux et bordé par la Loire, entrera dans le lot du plus jeune des fils de notre Antoine et ce fils, mourant sans postérité, le léguera à sa sœur Françoise. Celle-ci, dans son partage entre ses sept enfants, le donnait au second de ses trois fils, Gaspard Picard du Chambon, mort lieutenant-général des armées du roi qui en fit donation à un de ses neveux et filleuls, Gaspard Picard des Guyons, mestre de camp, et après avoir passé par ces trois générations successives d'oncles morts sans postérité, il vint enfin en possession d'un autre Gaspard Picard du Chambon, neveu et filleul du précédent, militaire encore, que nous retrouverons à Putey.

Les rapports de famille et d'amitié qui attiraient aussi les Desessards à Pierrefitte nous découvrent une anecdotique figure de chanoine. Des deux frères prêtres de Marie Symonin, l'un était archiprêtre en titre de cette paroisse, tout en étant

(1) François Desessards est nommé comme possesseur à La Trèche et, en particulier, vers le finage du *Pré Merlet*, en 1603. Cela peut faire supposer qu'Antoine Desessards, fils de Jean, procureur fiscal au Donjon, était le petit-fils de l'enquêteur François.

(2) *Cfr. Terrier de Pierrefitte* de 1659, art. *Chambon*. Gilbert et Benoît Symonin étaient propriétaires au même lieu en 1521.

(3) En 1301, notamment, un *Inventaire* des titres de Châteaumorand, mentionne une acquisition faite sur le seigneur de Chambon. (Communication de M. l'abbé Reure.) Il existe aux Archives départementales, dans des documents provenant de Pierrefitte, une « Lièvre » de devoirs pour Philippe s^{gr} du Chambon, celui, sans doute, qui est mentionné dans les *Noms féodaux*. Ces données me font voir à Pierrefitte même le siège d'une seigneurie ancienne du nom de *Chambon*; mais c'est une supposition.

curé de Saint-Agnan, et l'autre en était, à partir de 1653 tout au moins, curé de fait. Ce dernier, Jacques Symonin, chanoine de N.-D., avait été curé (1) ou archiprêtre de Moulins et s'en était retiré. Il avait connu là les hommes les plus distingués de la province, et y avait assisté aux cérémonies les plus remarquables, du temps où cette ville eut une célébrité particulière. Il semble avoir affectionné la famille de sa sœur. Dans ses visites à Putey, situé, comme nous l'avons dit, sur la route de Moulins, avec quel intérêt ses neveux l'entendaient narrer, dans ce style que nous a conservé son *livre de raison*, la mort et le bout de l'an de Madame de Frémiot, baronne de Chantal, fondatrice de la Visitation Sainte-Marie (1641-1642) ; — en 1643 « la mort de nostre bon Roy Louis XIIIe » et le service fait pour lui à la Collégiale ; — en 1644 la mort du pape Urbain VIII ; — en 1645 les grandes solennités funèbres pour la translation des restes mortels du duc de Montmorency ! Il était l'organe de la vie générale dans l'isolement de la vie locale.

1654. — Dès le début de 1653, Marie Symonin était ravie à sa famille. « Le vendredy 16e janvier, le service de bout de l'an de Dame Desessardz, ma sœur, a esté fait à 16 prebtres, et ay heu du coffre pour faire l'aumône X l. 5 s. » (2). Cette année fut calamiteuse par les intempéries. De décembre jusqu'au 16 avril ni pluie, ni neige, ou fort peu. Mais du 16 avril au milieu de juin, pluies presques continuelles et débordement des rivières ; le 4 mai, en particulier, une violente tempête avec grêle, brisa les céréales et hacha les vignes (3).

---

(1) D'après une indication de M. Vayssière, archiviste.
(2) *Registre du chanoine Symonin.*
(3) « Notandum est postridie Inventionis sanctæ Crucis, die scilicet quartâ
» Maii (1654), hanc Gilliaci parochiam tantâ grandine tantâ que tempestate
» fuisse percussam, ut nullus in eâ fructus, nullumque frumentum restiterit,
» id quod Incolas ac paræios ad summam illo anno post ingentem elapsam
» Annonæ caritatem millesimo sexcentesimo, quinquagesimo quarto indigen-
» tiam adduxit...
» Item, animadvertendum est eodem supradicto mense maïo, eodem que

— Le 2 août 1654, à Putey, contrat de mariage entre Jean Picard, procureur du roi aux Basses-Marches de Bourbonnois, fils de feu Jacques, aussi procureur du roi audit siège et de Jeanne Cymetière (3), avec Françoise Desessards, « en
» présence de M. Jean Cymittière, sr de la Bazolle, advocat
» en parlement, Bailly du Donjon, oncle maternel du Futur,
» Me Jean Desessards, advocat en parlement demeurant au
» Donjon, oncle paternel de la Future, Me Claude Symon,
» aussi advocat en parlement dudit Donjon, cousin du futur
» espoux, Me Robert Gay, marchand du bourg du Donjon,
» demeurant à la Motte-Saint-Jean, Me Claude Poncet, pro-
» cureur en la sénéchaussée de Bourbonnois et siège présidial
» de Moulins, et plusieurs autres parents, amys et voisins. »

Antoine Desessards est à Putey comme au sein d'une communauté familiale ; ses deux fils, ses gendres, ses filles s'y rencontrent souvent ou y résident tour à tour.

Leur présence n'est pas sans être sollicitée pour quelque

» calamitatis immensæ anno dierum decem spatio bis Ligerim amnem extra
» ripas effusum fuisse, cujus una exundatio plana loca ad exitium... omnino
» vocavit; elapso temporis istius intervallo, statim nostræ adhuc grando
» successit indigentiæ... quà de causâ nisi nos juvisset Deus optimus maxi-
» musque, fame oppressi perissemus. » S. « A. de la Vaivre. » — *Registres, Gilly.*

(3) Elle était fille de *Renaud alias* Regnaud *Cymetière* (le nom s'écrit aussi Cymitière et Cimetière), écuyer, sr de La Bazole, ancien homme d'armes dans la Cie de Mgr de La Guiche.

Le 24 juin 1616, Renaud Cymetière étant « en la maison d'habitation
» d'honneste François Terrier md et mu du logis où pand par enseigne le
» daulphin au lieu et bourg de Roanne, dans une chambre haulte dudit, dans
» ung lict, retenu de malladie... » fit son testament et partagea ses biens tant de Bourbonnais que « de Charollois et Bourgongne » entre ses quatre enfants : Jehan et Claude, Philiberte et Jehanne, en présence « dudit sieur Terrier,
» François Agrin, orfaivre, Jehan Courdier charpentier en bateaux, Me Pierre
» du Max, chirurgien, Claude Servajan, clerc de Vaulgy demeurant audit
» Roane, Jehan Gardan, tailleur d'habitz, d'Ambert ; Jehan Fouet md, de
» Bertignat en Auvergne, et sieur Jehan Jannette, sieur de la Fay et en
» partie de Collon, paroisse de Sainct-Leandz (St-Léon) en Bourbonnois, y
» demeurant. » *Archives de l'Allier.*

parrainage ; car souventes fois « l'ange des berceaux » visite le foyer des Laboureurs (1).

Antoine Desessards présidait encore, neuf ans après (le 21 novembre 1665), au mariage de sa plus jeune fille, qui fut bénit en l'église de Gilly. « Entre honeste *Philipe Prevereau*, fils
» d'Anthoine Prévereau, sieur d'Obepierre et du Morinot, de
» la paroisse Donjon et honeste Damoiselle Marie Deses-
» sards... je soussigné, curé de la paroisse de Sainct-Aignan,
» archiprêtre de Pierrefitte, oncle des contractants, du con-
» sentement de Mr Begien [curé] de Gilly... leur ay donné la
» bénédiction nuptiale. » Signé « Symonin ».

Dans l'intervalle de ces deux mariages, avant que la mort ou l'absence dispersent la réunion de ces existences, écoutons le chanoine Symonin nous signaler divers événements.

1655. — C'est d'abord, en 1655, la venue de Mgr d'Attichy (2), évêque d'Autun, alors que 1,000 personnes furent confirmées à Pierrefitte. Un corps de 50 hommes de la paroisse lui fut

(1) « Baptisé Anthoine filz de Jean Lermelin et de Claudine Maurize.
» Parrain Anthoine des Essards et marraine Marguerite Thein. »
— 4 août 1653 baptisée Mayeulle Borday, fille de Germain et de Martine de la Forest. Parrain « honorable maistre Claude Tanier (*al.* Taignier), chi-
» rurgien de Pierrefitte. »
— « Jean Baillon, fils d'Antoine et de Pierrette... du village de Putay
» de cette paroisse a esté baptisé par moi prêtre natif et vicaire [de ce lieu]
» ce 24 novembre 1654 et a esté parein et mareine noble Jean Picard, c^{er} du
» Roi et son procureur ès *Basses Marches*... et Marguerite Bourbon alliée
» dudit Baillon. A. De la Vaivre, vicaire. »
(2) Louis Doni d'Attichi, d'une famille originaire de Florence et fixée en France depuis plusieurs siècles, naquit en 1597. Il était fils d'Octavien Doni seigneur d'Attichi près Compiègne et de Valence de Marillac. Il entra dans l'Ordre des Minimes en 1624 et devint supérieur de la maison de Paris, puis provincial de la province de Bourgogne. Richelieu qui, durant sa retraite à Avignon, avait eu l'occasion de remarquer sa science et sa modestie, le fit nommer en 1628 évêque de Riez. Le nouveau prélat fit un grand bien dans ce diocèse, non sans traverse. Il fut nommé à l'évêché d'Autun en 1651 et entra dans ce siège le 19 janvier 1652. Après une douloureuse maladie il mourut le 2 juillet 1664, à l'âge de 67 ans, et fut enterré dans l'église des Minimes à Beaune. Il a écrit plusieurs ouvrages considérables en français et en latin, entr'autres l'*Histoire générale de l'ordre des Minimes; la Vie de la reine Jeanne, fondatrice des Annonciades; la Vie du cardinal de Bérulle; l'Histoire des Cardinaux*, etc.

au-devant jusque près de Coulanges, tambour battant et enseignes déployées. « Et le mardy matin on le vint prendre
» en son logis en procession, où assistèrent MM. les curés de
» Coullange, de Monestay et son neveu, de Salligny avec son
» vicaire, M‍ʳ de Dompierre avec son vicaire et M. Boisset,
» M. le curé de Diou, M‍ʳˢ les curés de Gilly, Fonteste, Saint-
» Ainian, Digoin, nos deux vicaires et moy Curé, assistés du
» P. supérieur des Jésuites de Molins qui a presché, de MM.
» Vialet, Palierne, trésoriers de France, M‍ʳ Rongier et
» M‍ʳ Desessards le jeune, médecin, tous de Molins ; de MM. de
» Fonteste (1) et de Pargny (2), de tous nos habitants et des
» paroisses circonvoisines, et le poille a esté porté par Mes-
» sieurs Corre procureur d'office, M. l'avocat Guerry en
» l'absence de M‍ʳ son Père juge, par M‍ʳ Desessards, sieur de
» Putay et par M‍ʳ Piccard, son gendre, procureur du Roy
» des Basses-Marches. »

— « Le lundi 7ᵉ juin 1655, à midy est arrivé en ce lieu M‍ʳ le
» marquis d'Arpajoux en personne, avec sa compagnie d'or-
» donnance, en nombre de cent et dix maistres effectif, qui
» ont demeuré jusques au mercredy 9ᵉ dudit mois et ont
» ransonné tous les habitants, les ont battus... emporté et
» brullé les meubles en divers lieux » (3).

— « 16 août 1655, ma niepce Piccard est accouchée d'une
» fille directement à midy, dans Putay, et a esté baptisée
» dans Pierrefitte le jeudy 19ᵉ dudit mois et a esté parrin
» M‍ʳ Anthoine Desessards, s‍ʳ de Putay, grand Père et Damoi-

(1) Melchior de Fonteste, écuyer, seigneur de Sommery, Gilly et Chavanche, époux de Léonore de Grandval.

(2) Le seigneur de Périgny.

(3) Arpajon (Louis d'), al. d'Arpajou, marquis de Severac, fait duc par Louis XIV en 1651, mort à Severac en 1679. Gouverneur de Lorraine, lieutenant général au gouvernement de Languedoc, général des armées et ministre d'Etat.
Il s'était distingué d'abord au combat de Felissant, où il reçut neuf blessures. Il leva un régiment d'infanterie en 1621, qui devint le *Régiment royal*. Il rendit des services comme général et ambassadeur, à la France... plus qu'à Pierrefitte.

» selle Catherine D..... femme de M. l'avocat Guerry [mar-
» raine]. Et avoit esté inondée par le nommé Saint-Amour,
» domestique dudit Putay,... crainte de mort. »

— « Nota. Que le 20ᵉ aoust 1655, le vendredy au soir,
» arrivèrent à Putay, messire le Prieur et Mʳ de la Motte
» Despré. Et en sont partis le lundy 23ᵉ. Et Mʳ le Prieur a
» emporté une coppie en papier signée par M. Guerry du
» contrat de la vente de Putay et a donné une quittance de
» 100 fr. des pensions des religieuses d'Auvergne pour
» 1652. »

1656. — « Le jeudy 7ᵉ septembre le service de Ste-Raine a
» esté fait, et Mᵉ Anthoine Desessard de Putay a fait le festin
» et le banquet (ou bouquet ?) a esté donné à Mʳ de La Porte
» pour 1657. » — C'est le seul entr'ouvert sur une de ces
fêtes de la fraternité des vieilles confréries, union morale
bien souhaitable dans la désagrégation de notre société indi-
vidualiste.

— « Le 23ᵉ, jour de Saint-Georges, nous avons fait une
» procession à l'honneur de St-Roc, à cause des maladies, et
» ont esté receu des confrères de la confrérie de St-Roc.

1657. — « Le 24ᵉ juin, le roiaume a esté fait par Mʳ Picard
» et pour les filles par Mʳ l'advocat Guerry. Et le service a
» esté fait... De la Confrérie de Saint-Jehan avons eu 78 con-
» fraires. »

— « Le 4ᵉ décembre, jour de Sainte-Barbe 1657, ma niepce
» Piccard est accouchée de un fils dans Putay entre 7 et
» 8 heures du matin, et le 9 décembre a esté baptisé et ont
» esté ses parrain et marraine Mʳ Jehan Desessards advocat
» et Damoiselle Jehanne Desessards sa fille, femme à Mʳ An-
» thoine Préveraud. Et a esté mis en norrice avec la femme
» de Mʳ le Maistre d'escolle. »

— « Le 9 février 1660 est mort dans Putay Mʳ Louis
» Symonin sur les 3 à 4 heures du soir.

— « Nota. Que Mr d'Orléans est mort dans Blois le lundy
» 2ᵉ février, à 4 heures du matin. » — On voit aussi que le
Cardinal Mazarin, allant à Nevers rejoindre le jeune roi
Louis XIV et la reine-mère Anne d'Autriche, était passé
entre Pierrefitte, Putey et Gilly, sur la Loire, vers le 18 janvier
1659. Il allait le même jour coucher à Decize.

Le vieux registre doit se clore. Voilà une vie révolue, et
combien d'autres refermées avec ses pages !

Après Jean Picard et Françoise Desessards, Philippe Préveraud et sa femme habitent à Putey jusqu'à la mort de Desessards père. La plupart de leurs enfants sont baptisés à Gilly.

1666. — « 14ᵉ novembre, a esté baptisée Jeanne, fille de
» sr Philippe Preverost et de Damoiselle Marie Desessards,
» ses père et mère, laquelle Jeanne est née le 7ᵉ dudit mois.
» Son parrain a esté Mr Anthoine Desessards son grand'père
» et la marraine a esté Damoiselle Jeanne Des Essards sa
» grand'mère (1), qui ont signé. »

1667. — « 27ᵉ septembre a esté baptisé à Gilly Anthoine
» Préverot fils de Me Philippe Préverot et de Damoiselle
» Marie Desessards, demeurant au château de Putay, lequel
» fils leur est né le 21 dudit mois. Et ont été parrain et marraine discrète personne Me Anthoine Preverot son ayeul et
» Damoiselle Marie Dosche femme de Me Claude Poncet,
» procureur au siège présidial de Molins ; témoin Me Jacques
» Guerry chastelain de Pierrefitte. »

— « Le 3ᵉ du mois de février 1669 ont esté administrées
» les cérémonies du baptême à Noël Préverost, lequel a esté
» baptisé à la maison de Putay par monsr Anthoine Deses-

---

(1) Mère de Philippe Préveraud et épouse en secondes noces d'Antoine Préveraud sr du Morinot, de l'Aubepierre et de la Boutresse, l'un des chefs les plus considérables de cette famille Préveraud très répandue et importante dans les environs du Donjon. Il eut au moins 9 enfants, dont Philippe plus haut nommé. (Renseignements extraits des notes dues à l'obligeance de M. Aubert de La Faige.)

» sards advocat son oncle le 30e janvier, y ayant nécessité de
» mort; parrain monsr Noel Préverost » et « marraine Marguerite Desessards, femme de François Simon, en présence de Jean Préverost, avocat, et de Antoine Desessards du Chambon témoins requis, et aussi de sr Anthoine Desessards qui a témoigné avoir baptisé. »

— Le 28 juillet 1670, baptême d'Antoinette Préveraud, fille de « Philippe et Marie Desessards sa femme ». Parrain : Antoine Desessards avocat, fils de Antoine Desessards, sieur de Putay; marraine D^{elle} Antoinette Simon, femme de Jean Préveraud avocat, qui ont signé. Présents, Jean Préveraud, avocat, et Antoine Desessards frère, qui signe : « du Chambon. »

— Le 4 février de la même année, « Jean Charbonnier, tailleur d'habits du village de Putey épouse Pierrette Ligour, servante chez Mr de Putey (1) ».

Nous avons cherché vainement la présence d'Antoine Desessards père, à partir de 1672. Il a dû mourir à cette époque et n'a pas été, croyons-nous, enterré à Gilly.

---

(1) Etat des personnes, en ce temps, aux village et domaines de Putey.
(Le signe † indique une mort, la lettre *N* une naissance.)
† Sébastienne Baillon, veuve de Toussainct Bullay dit *La Planche*, du village, âgée de 65 ans (6 février 1644). — † Gilbert Larmerot, métayer au *village Essardz*, paroisse de Saligny (27 avril 1644). — † Jehan Bourday, marié en la communauté de Guillaume, son père, au village (4 avril 1644). — † Jean Gousset, métayer du château (21 avril 1645). — *N.* Françoise Perdriseau, fille d'Etienne et de Georgette Bergerin (métairie du Perroyer). — François Lermerin et Pierrette de la Foretz, métayers à Putey (1645). — † Catherine de Villeneuve, 53 ans (23 octobre 1645). — † Louise Freschet, veuve de Jean Merle (au Perroyer), belle-mère de Jehan Desgranges, tuilier de la tuilerie de Putey (25 février 1646). — *N.* Jacqueline Brugnon, fille de Germain et de Françoise Hermelin, métayer en la métairie Branquet (1646) (a pour marraine Jacqueline Desessards). — *N.* Claudine de la Vault, fille de Jehan et de Guillemette Perard, de la paroisse de Lucenay-les-Hais, demeurant au village (avril 1646). — *N.* Jacques Millien, fils de Claude et de Jehanne Large, a pour parrain Jacques Martin, laboureur, « demeurant métayer audit Putay »; marraine, Claudine Brugnon, dudit village. — † 3 octobre 1647, Guillaume Bourday, laboureur, qui gagne sa vie jusqu'à l'âge de 100 ans. — *N.* Cire Beaupry, fils de Claude et de Pierrette Voisin, « mestayers demeurant au Perroyer » (4 juillet 1649). — † 24 février 1652, Louis de La Varaine, « homme de bien et crai-

En 1673, ses deux fils « Antoine l'aîné et Antoine le jeune, sieurs de Putay, y demeurant », vendent, comme héritiers de leur mère et de leur oncle Jacques Symonin vivant curé de Pierrefitte, à Jean Veru et à sa femme Claudine Poulet, marchands à Pierrefitte, une maison située en ce bourg, « couverte à tuiles plates, escuries, cour, grenier, jardin, appelée vulgairement la maison Cornu » qui leur venait du chanoine Symonin ; plus une terre dite des *Liannes* « provenant de l'antien (*sic*) des Simonin. Les acquéreurs payeront annuellement aux vendeurs, à simple cens, la somme de 5 sols ; le tout pour le prix de 660 livres et 30 livres d'étrennes. L'acte est passé en présence de « m^{ire} Gilbert Barrois prestre chapelain » de Pierrefitte et Clément Regnaud, clerc audit lieu ».

14. — Antoine Desessards, *fils aîné*. — Le père n'est plus là : les enfants se dispersent. Ils quittent momentanément Putey et l'afferment, en 1675 environ, à Me Antoine Lorphelin s^r de Conneau, marchand à Bourbon-Lancy. Sa femme, d^{elle} Claudine Pupelin, et lui, paraissent assez souvent de 1676 à 1678 et sont parrains des enfants des métayers. Mais ils ne semblent pas résider à Putey ; ils y laissent Jean Rousseau, leur valet. Pendant ce temps, Antoine Desessards du Chambon habite le bourg de Pierrefitte. Antoine, son frère aîné, sieur de Putey, où il succède à son père, a laissé la toge pour l'épée : il a pris du service dans la cavalerie, et il était, en 1678 (1), capitaine de dragons en l'un de ces régiments de Listenois qui eurent une part très active à la campagne d'Allemagne sous le maréchal de Créquy, notamment

---

gnant Dieu, personnier mestayer avec Laurent Pasquet au lieu du Perroyer, village de Putey ». — † 18 mai 1652, Catherine Benoist, femme de Pierre Chatellet, métayer au village. — † 17 août 1652, Nouvelette Voisin, femme de Cyr Protat, demeurant au village. — † 30 décembre 1670, Morise Bardin, laboureur au Perroyer (enterré à Diou). — *N*. 17 novembre 1673, Girard Sabot, fils de Benoît, laboureur du village ; la marraine est Denise Millien, femme d'autre Benoît Sabot, vigneron à Putey. — Etc.

(1) Cette année-là, son frère renouvelle en son nom la reconnaissance du domaine des Larmiers au terrier des chapelles de Pierrefitte.

à la prise du fort de Kell à Strasbourg. Il était de retour en 1682. A la fin d'octobre, un de ses métayers, François Douaire, le vint prier d'être parrain d'une de ses filles jumelles ; il accepta. Nous le voyons alors établi à Putey avec sa femme, Louise Farjonnel, d'une famille moulinoise. Ils y séjournent peu de temps. Antoine l'aîné meurt sans postérité en 1691 (1).
— Il avait laissé en héritage ses biens à ses sœurs. Putey appartint presque entier sinon tout à fait à Marie.

15. — Philippe Préveraud. — Nous ne nous arrêterons pas beaucoup à la période qui suivit immédiatement la mort d'Antoine Desessards l'aîné ; le château y semble un peu désert. On y voit de temps en temps venir son maître Mr Philippe Préveraud, époux de Marie Desessards, qui habite à la Tour, paroisse d'Huillaux (2), puis, en 1698 y séjourne un fermier, Me Jean Chanlon, de Pierrefitte, marié, cette année même, à damoiselle Marie-Jeanne Bayon de la paroisse de Gilly, parente de Me Claude Bayon, avocat, et fille, sans doute, de celle que les registres nomment « très-vertueuse dame Françoise Bayon ». — Ils résident à Putey jusqu'en 1707, époque où, avec Catherine Péret sa femme, vient s'y fixer François Préveraud, seigneur de la Tour et dudit lieu, fils de Philippe et de Marie Desessards.

16. — François Préveraud. — Le 27 avril 1708, il leur naît un fils, *Jean*, qui, baptisé le 29, a pour parrain « monsieur
» Jean Péret s^r du Coudray, conseiller du Roy, contrôleur
» dans l'Election de Moulins et pour marraine Dame Hélaine
» Rivière, épouse de noble Jean-Marie Préveraud s^r de la
» Bouteresse, c^{er} du Roy, lieutenant des Basses-Marches et
» baillif du Donjon ».
Pour montrer les nouveaux seigneurs dans leurs fonctions

---

(1) La veuve se remaria, en 1693, avec Jacques Palierne, écuyer, s^r de la Brenne, capitaine d'infanterie.
(2) Il mourut en 1695 et fut enterré dans l'église des Cordeliers du Donjon. (Note de M. Aubert de la Faige.)

En 1673, ses deux fils « Antoine l'aîné et Antoine le jeune, sieurs de Putay, y demeurant », vendent, comme héritiers de leur mère et de leur oncle Jacques Symonin vivant curé de Pierrefitte, à Jean Veru et à sa femme Claudine Poulet, marchands à Pierrefitte, une maison située en ce bourg, « couverte à tuiles plates, escuries, cour, grenier, jardin, appelée vulgairement la maison Cornu » qui leur venait du chanoine Symonin ; plus une terre dite des *Liannes* « provenant de l'antien (*sic*) des Simonin. Les acquéreurs payeront annuellement aux vendeurs, à simple cens, la somme de 5 sols ; le tout pour le prix de 660 livres et 30 livres d'étrennes. L'acte est passé en présence de « m^ire Gilbert Barrois prestre chapelain » de Pierrefitte et Clément Regnaud, clerc audit lieu ».

14. — Antoine Desessards, *fils aîné*. — Le père n'est plus là : les enfants se dispersent. Ils quittent momentanément Putey et l'afferment, en 1675 environ, à Me Antoine Lorphelin s^r de Conneau, marchand à Bourbon-Lancy. Sa femme, d^elle Claudine Pupelin, et lui, paraissent assez souvent de 1676 à 1678 et sont parrains des enfants des métayers. Mais ils ne semblent pas résider à Putey ; ils y laissent Jean Rousseau, leur valet. Pendant ce temps, Antoine Desessards du Chambon habite le bourg de Pierrefitte. Antoine, son frère aîné, sieur de Putey, où il succède à son père, a laissé la toge pour l'épée : il a pris du service dans la cavalerie, et il était, en 1678 (1), capitaine de dragons en l'un de ces régiments de Listenois qui eurent une part très active à la campagne d'Allemagne sous le maréchal de Créquy, notamment

---

gnant Dieu, personnier mestayer avec Laurent Pasquet au lieu du Perroyer, village de Putey ». — † 18 mai 1652, Catherine Benoist, femme de Pierre Chatellet, métayer au village. — † 17 août 1652, Nouvelette Voisin, femme de Cyr Protat, demeurant au village. — † 30 décembre 1670, Morise Bardin, laboureur au Perroyer (enterré à Diou). — *N.* 17 novembre 1673, Girard Sabot, fils de Benoît, laboureur du village ; la marraine est Denise Millien, femme d'autre Benoît Sabot, vigneron à Putey. — Etc.

(1) Cette année-là, son frère renouvelle en son nom la reconnaissance du domaine des Larmiers au terrier des chapelles de Pierrefitte.

à la prise du fort de Kell à Strasbourg. Il était de retour en 1682. A la fin d'octobre, un de ses métayers, François Douaire, le vint prier d'être parrain d'une de ses filles jumelles ; il accepta. Nous le voyons alors établi à Putey avec sa femme, Louise Farjonnel, d'une famille moulinoise. Ils y séjournent peu de temps. Antoine l'aîné meurt sans postérité en 1691 (1). — Il avait laissé en héritage ses biens à ses sœurs. Putey appartint presque entier sinon tout à fait à Marie.

15. — Philippe Préveraud. — Nous ne nous arrêterons pas beaucoup à la période qui suivit immédiatement la mort d'Antoine Desessards l'aîné ; le château y semble un peu désert. On y voit de temps en temps venir son maître Mr Philippe Préveraud, époux de Marie Desessards, qui habite à la Tour, paroisse d'Huillaux (2), puis, en 1698 y séjourne un fermier, Me Jean Chanlon, de Pierrefitte, marié, cette année même, à damoiselle Marie-Jeanne Bayon de la paroisse de Gilly, parente de Me Claude Bayon, avocat, et fille, sans doute, de celle que les registres nomment « très-vertueuse dame Françoise Bayon ». — Ils résident à Putey jusqu'en 1707, époque où, avec Catherine Péret sa femme, vient s'y fixer François Préveraud, seigneur de la Tour et dudit lieu, fils de Philippe et de Marie Desessards.

16. — François Préveraud. — Le 27 avril 1708, il leur naît un fils, *Jean*, qui, baptisé le 29, a pour parrain « monsieur
» Jean Péret s^r du Coudray, conseiller du Roy, contrôleur
» dans l'Election de Moulins et pour marraine Dame Hélaine
» Rivière, épouse de noble Jean-Marie Préveraud s^r de la
» Bouteresse, c^{er} du Roy, lieutenant des Basses-Marches et
» baillif du Donjon ».

Pour montrer les nouveaux seigneurs dans leurs fonctions

---

(1) La veuve se remaria, en 1693, avec Jacques Palierne, écuyer, s^r de la Brenne, capitaine d'infanterie.

(2) Il mourut en 1695 et fut enterré dans l'église des Cordeliers du Donjon. (Note de M. Aubert de la Faige.)

patronales, citons deux actes qui nomment aussi leurs laborieux collaborateurs.

— 5 décembre 1707, baptisé Jean Duret, fils de Catherin, laboureur à Putay et de Catherine Bobot. Son parrain : Annet Feulion, lab^r du Perroyer, et sa marraine dame Catherine Perret.

— 14 février 1708, « baptisée Catherine Derfeuille, fille de Léonard et de Jeanne Lamotte, lab^{rs}, de Putay. Parrain Claude Batasot, valet de Putay, qui la porte pour M. Barthélemy Préverost, s^r du Plantais, et la marraine Benoiste Laforêt, servante de Putay, qui la porte pour madame de la Tour de Putay » (Catherine Péret).

A partir de 1710, je perds la trace des châtelains. Que de transitions ! que d'instabilité en ce petit manoir, amas de pierres qui voit s'user tant d'hommes ! Vraiment l'étude du passé ne doit pas plaire à ceux qui prétendent faire tout leur paradis sur la terre (1). Des enfants de François Préveraud,

(1) Nous trouvons, à cette époque, à Gilly, ce sentiment de l'éternité, en présence des vicissitudes humaines, affirmé dans un exemple frappant et dans un type attachant. Plusieurs fois, et, en particulier, le 17 février 1701 où il était parrain, venait à Gilly un jeune docteur en médecine, un lettré qui lisait son Hippocrate en grec, grand propriétaire de la paroisse, Jean-François Poncet, fils de Jean c^{er} médecin du Roi, Intendant des Eaux minérales de Bourbon-Lancy. — Le 30 novembre 1712, il y revient sous le camail des chanoines de la Prée, pourvu, par Mgr Charles-François d'Allencourt, évêque d'Autun, de la cure de Gilly. Catherine Mayneaud de Bizefrand, sa femme, était morte en la fleur de l'âge, lui laissant cinq enfants. Frappé d'aspirations nouvelles en face de son cercueil, et devenu prêtre, il sera, de longues années, le Père vénérable de sa paroisse. Originale figure que celle de ce bon médecin des âmes et des corps, entouré de la famille de ses paroissiens, de ses métayers et de ses propres enfants dont il bénira tour à tour lui-même les mariages, après les avoir conviés à l'amour fraternel.

Nous citerons ici un passage de ses notes intéressant Putey et les riverains :

« Le jeudy 10 février 1718, la rivière de Loire se prit et s'arrêta au Perron,
» en trois jours de gelée et, le samedy suivant, on la passa à pont de glace, ce
» qui n'était pas arrivé depuis le mois de janvier 1709 que le grain de la
» terre et les arbres fruitiers gelèrent. Le 20 dudit mois de février, les h^{ts} du
» village de Putay passèrent à pont de glace pour venir à la messe, et, la
» nuit, la glace partit. »

Une autre main a écrit à la suite, longtemps après :

un seul devait survivre, sa fille Gilberte (1) et encore mourut-elle jeune et sans postérité. Elle partagea Putey par moitié entre ses deux cousins qui suivent :

17. — **Antoine Pélassy**, s^r de la Tour (2), petit-fils de Philippe Préveraud et de Marie Desessards, et

Antoine Picard, châtelain de Pierrefitte, l'un des fils de Françoise Desessards.

Ils firent au roi l'aveu et l'hommage du fief en 1717. Antoine Picard mourut en 1719, à l'âge de 43 ans, laissant, de Marguerite Gay, sa femme, cinq enfants qui furent confiés à la tutelle de Gaspard Picard, écuyer s^r du Chambon son frère, alors maréchal des logis des gendarmes de la garde et mestre de camp. Ce dernier renouvela pour eux l'aveu de la moitié de la seigneurie de Putey en 1725 et soutint, en leur nom, au Parlement de Paris, un procès qu'il gagna contre Me Renault Dabost, procureur au Parlement. Celui-ci agissait « comme » tuteur des enfants mineurs de lui et de défunte damoiselle » Catherine Péret, son épouse, avant Vve de François Préveraud s^r de Putay » (3). J'ignore la contestation, mais il est probable qu'elle était née de prétentions de Me Dabost sur l'héritage de Putey.

Quant à Antoine Pélassy « s^r de La Tour et de Putay en partie », nous le trouvons fixé au château depuis 1734 avec ses enfants. Son fils *Louis* l'habite à son tour avec Marie Pré-

---

« Il faut ajouter à ce cas extraordinaire, celui où le 11 novembre 1790, la
» rivière déborda et emmena les bâtiments de Roanne, de Digoin et toutes les
» marchandises chargées dans les bateaux ; la rivière estoit couverte de toute
» espèce de meubles, marchandises et tonneaux de vins. Les eaux estoient à
» un tel degré de hauteur, qu'elles furent auprès de la porte de Symphorien
» Beaufrand, ce qui ne se verra jamais, à raison que depuis 1796 jusqu'à pré-
» sent, la rivière s'est considérablement élargie et contient beaucoup plus
» d'eau. » (*Rég. Gilly.*)

(1) Cfr. *Noms féodaux* et *Terrier de Sept-Fons* (1752).

(2) Fils de Claude, bourgeois de Sail, et de Jeanne Préveraud, laquelle était fille de Philippe et de Marie Desessards.

(3) Pièce de la procédure. *Archives départementales de l'Allier.*

veraud sa femme (1) ; ils y ont un fils, le 4 avril 1744, *Claude-Marie*, dont le parrain est Claude-Hector Simon, bourgeois du Donjon. « Mlle Jeanne-Marie Préveraud, sa tante », est sa marraine.

18. — Jean-Baptiste Picard de Launay. — En 1749 ou 1750, Louis et Marguerite Pélassy, enfants d'Antoine, vendirent leur portion de Putey, équivalant à la moitié du fief, à Jean-Baptiste Picard de Launay, écuyer, qui, dans le partage des biens de son père Antoine Picard, avait eu dans son lot l'autre moitié du même fief.

Il faut faire intervenir, à cette date, une procédure pendante depuis 1708. Elle va nous fournir l'occasion, au terme du sentier, de jeter un regard en arrière sur tout le chemin parcouru depuis notre départ, en l'année 1285. — L'abbaye de Sept-Fons possédait de temps immémorial, des droits de taille sur une partie des héritages constituant au XVIIIe siècle la seigneurie de Putey. Ces droits n'ayant pas été acquittés au début du siècle, sous le gouvernement de dom Eustache de Beaufort, le Procureur des Religieux forma demande en payement à François Préveraud qui mourut dans l'occurrence et, comme les devoirs dus étaient assis sur la portion des sieurs Pélassy, l'instance fort lente, il faut en convenir, avait été reprise contre ces derniers en 1748 ; la dette subsistant, ceux-ci en avaient vendu la charge avec l'assiette, à Jean-Baptiste Picard de Launay qui dut l'éteindre en 1753, et alors tous les détenteurs des héritages frappés de ces redevances envers l'abbaye et situés sur la limite ou dans les environs de la seigneurie de Putey, en passèrent nouvelles reconnaissances au terrier de Sept-Fons. Nous transcrivons en note quelques fragments qui les désignent (2). On y remarquera

(1) Elle était fille d'Antoine, s^r de Racquetière, et de Lucrèce Cymetière. (Note de M. Aubert de La Faige.)

(2) Voici quelques-uns des héritages portés à taille à cause de la seigneurie appelée le *Corps de l'Abbaye*, et situés à Putey. Les reconnaissances en sont, la plupart, faites au terrier signé Lévêque et au terrier signé Brunettière :

les noms de beaucoup d'habitants du village qui étaient en même temps tenanciers de Putey. Cela indique une possession très ancienne de l'abbaye dans des biens limitrophes ou même dépendant en partie de notre fief ; les lecteurs versés dans l'étude du passé y reconnaîtront ces intrages à long terme qui ont été les premiers agents et les bienfaisants fondateurs de la plupart de nos communautés bourbonnaises. Bien que nous ayons déjà parlé de cette sorte de contrat à propos des droits seigneuriaux de Putey, il ne sera pas inutile d'y insister au sujet de Sept-Fons, en citant un passage d'un grave historien de cette abbaye, car nous croyons que l'influence monastique n'a pas été étrangère à l'établissement et à l'expansion de cet usage.

« Jusque vers la fin du xvie siècle, beaucoup de baux de
» ferme, appelés *intrages*, se donnaient à termes illimités,
» moyennant une somme quelconque payée de la main à la
» main, et quelques redevances annuelles de taille appelées
» droits d'intrage. Un père, nanti d'un contrat semblable,
» laissait sans formalité aucune à son fils la terre qu'il avait

---

Intrage fait par frère Louis Le Long abbé, à Guillaume Litaud (1419) à Putey ; Jeannette Vve Thevenin Boër dit Camelin, tutrice de ses trois enfants (22 mai 1439) ; Pierre Janet et Pierre Litaud, pour lui Antoine et Philippe Litaud (19 août 1458) ; les Durand du Meix ; les Daveurdre de Putay et les Daveurdre de Diou (1458) ; Guillaume Davaux et Martin Bourdois (1458) ; Jean Cornu et Anthoine Gauthier (1458) ; les Barillets (xve s.) ; Pierre du Paroyer (1458) ; Martin Bourdoyer ; Jean Gonneau al. Jean Gonin ; Pierre Gauthier ; Hugonin Belin, Thibault Robin, tous en 1458. Ces héritages sont possédés en 1752 par : MM. Borday et Bernachez ; par les héritiers Duvernoy, les Davaux, les héritiers de Sulpice Giraud, J.-B. Picard de Launay, Françoise Picard, épouse d'Antoine Heuillard, écuyer, greffier en chef du Bureau des finances de Moulins, Barthélemy Picard, c^{er} Procureur du Roi aux Basses-Marches, Jean-Baptiste Picard c^{er} médecin du Roi à Moulins, et autres. Parmi les confins, notons : une terre des Branquets appelée la *pierre mouvante* ; le ruisseau de *Vieille Loire* ; « l'ancienne rue des *Mautemps*, détruite et inusitée, laquelle allait de Gilly à Putey. » Le pré des Davaux au-dessus duquel « sort la font *Saline* ou *Salué* et le *rys* de la *font Saline* » ; la grande *Beluze* ; la petite *Beluze* commune ; le ruisseau de *Courtesson* ; le tural des *Villars* ; la ganche de *Loire vielle* où coule le ruisseau de *Gentefin* ; les terres appelées des *Prayes* ou Perroyer ; le territoire du *Batel* ; la *Boëse de Cornejaux* ; les *Brosses du Prince*, etc. (Ces termes sont ceux du xve s., croyons-nous.)

» reçue, et le bail se transmettait aux mêmes conditions de
» génération en génération. Le domaine ne revenait au bail-
» leur que dans le cas où le dernier fermier mourait sans hoir
» légitime ; jusque-là la ferme prenait le nom de la famille
» qui l'exploitait ; faveur inappréciable pour le pauvre labou-
» reur qui voyait ainsi l'avenir de ses enfants assuré et qui
» recueillait lui-même le fruit de ses sueurs ; car le domaine,
» s'il l'exploitait avec intelligence, s'améliorait... le revenu
» augmentait dans la même proportion, sans que le prix
» d'allocation variât. Le monastère ne gagnait rien à cet état
» de chose. Il en résulta même, dans la suite des siècles, de
» graves atteintes au droit de propriété : les titres se per-
» daient ; les fermiers, devenus riches, s'affranchissaient de la
» taille ; les seigneurs puissants cherchaient chicane aux reli-
» gieux et les évinçaient (1). »

C'est afin d'éviter la perte de ces titres, négligés quelque peu depuis longtemps, que dom Jalloutz, sous la direction de dom Sibert, fit renouveler le Terrier de l'abbaye.

Il y aurait, pour achever l'histoire de Putey, à éclairer les obscurités qui règnent sur l'entremêlement des droits de notre fief et du monastère. Les biens sur lesquels ce dernier possédait des tenures, étaient situés « dans la justice haute, moyenne et basse de l'abbaye ». Les *droits de justice*, tel est le point sur lequel il convient, pour compléter ce travail, d'appeler, en cet endroit, l'attention.

On a pu observer que dans les actes ici résumés, relatifs au fief qui nous occupe, on le trouve muni des diverses redevances féodales : tailles, cens, dixmes, mais aucunement des droits de justice. Un seul de ces actes fait exception, c'est le premier de tous, celui de 1285, qui mentionne les droits de la justice haute, moyenne et basse de Putey, dénotant la puissance primordiale de la famille qui l'avait possédé. Depuis

---

(1) *Sept-Fons, Etude historique sur l'abbaye.* — Moulins, Ducroux, 1873, p. 34-35.

cette date, depuis la vente que le chevalier Hugues fit de son fief à Robert d'Artois, jamais, que je sache, nul de ses successeurs n'a revendiqué aucune prétention à les exercer : nouvel exemple de cette règle des coutumes que « la justice était indépendante du fief » ; preuve certaine aussi qu'en cédant de nouveau Putey aux descendants de Hugues, les sires de Bourbon en retinrent la juridiction dans leur domaine. La question qui demeure donc à poser est celle-ci : Ces droits de justice que le procès de 1708 à 1750 vient de nous montrer au pouvoir de l'antique abbaye et qui recouvraient comme d'un réseau une portion du fonds jadis haut-justicier de Putey, Sept-Fons ne les avait-il pas reçus de Robert d'Artois ou de ses successeurs, et ne représentaient-ils pas une partie des droits primitifs de notre seigneurie ?

La question peut paraître d'une faible importance. La réponse qu'y donnerait un écrivain versé dans les chartes de l'abbaye serait, au contraire, sans doute, pleine d'intérêt.

Il nous reste peu à dire pour achever ces notes (1). Jean Picard de Launay, notre hôte en ce moment, n'est presque jamais là pour accueillir ses visiteurs. Gendarme de la garde très jeune, depuis 1728, sous-ayde major de cette com-

---

(1) Après avoir donné jusqu'à la deuxième moitié du XVIIe siècle, les noms de la plus grande partie des habitants de notre petit territoire, afin de suivre le plus possible, la succession des familles diverses qui ont laissé là quelque empreinte, nous continuons ici cette liste et la terminons vers la fin du XVIIIe siècle.

1° Habitants de Putey à la fin du XVIIe siècle. (Métairies et communautés du Village.) — (Le signe *N* indique une naissance.)

1669 (18 juin), mariage de Gabriel Poirier, journalier de Putay, et Jeanne Pincot, servante chez M. Préveraud. — † (8 décembre), inhumé dans l'église de Gilly « Laurent Baillon, lab[r] de la métairie de mons[r] de Putay, proche le » château... âgé de 45 ans, a reçu tous les sacrements. » — † 1670, « est » décédé en notre mère sainte Eglise, au Perroyer,... Morise Bardin, lab[r] de » Putay, lequel a été enseveli au cimetière de Diou. » — Jean Rousseau, valet domestique dans le château, et Jeanne Potin, sa femme, ont une fille, Claudine, en 1676, et une autre, Marie, en 1678. — *N*. Claudine Douaire, fille de Claude et de Georgette Henri, laboureurs de la métairie du château (6 août 1677). — *N*. Girard Sabot, fils de Benoît, parrain, Girard Charlot, valet du château (1673). — *N*. Pierre Guerrier, fils de « François, charpentier de Putay-» Gilly » (1681). — *N*. Françoise et Antoinette Douaire, filles de François et

pagnie, puis mestre de camp, il a tenu les campagnes durant près de 40 ans, à la suite de son oncle ou de son frère aîné. A leurs retours, ils rapportent dans la fraîche tranquillité de ces rivages, tout un monde d'images et d'anecdotes recueillies dans les cités, les champs de bataille et les sièges de l'Allemagne, de la Hollande, des Flandres, et la vision du lieu natal les suit à son tour dans les pays lointains. A la fin de la guerre glorieuse de 1748, l'un d'eux, annonçant d'Oudenardes son arrivée prochaine, se réjouit de voir ses moissons. Leurs présences sont signalées surtout par les baptêmes de leurs neveux ou nombreux petits-cousins, haltes familiales où leur uni-

de Françoise Chartier (1682). — *N.* Louise Douaire, fille de Catherin et de Jeanne Mousseau, sa femme. « laboureurs de Putay-Gilly ». Marraine, « Mademoiselle Louise Farjonnel dame de Putay » (mai 1685). — Mathieu Dorard, « lab^r de Putay », signe comme témoin de la sépulture de Claudine Pelletier, femme de Claude Debos, laboureur de Putay, « morte en bonne
» chrétienne » (1685). — *N.* Antoine, fils de Benoist Guerreau et Jeanne Brugnon ; parrain, Antoine Desessards, sieur de Putay, marraine, Denise Douhaire, tous dudit village. — † Gilbert, fils de Jean Papillon et de Jeanne Vernois, « valet domestiques de mons^r de Putay, âgé d'environ 20 ans, qui
» est décédé le 19e (août 1686), a receu tous les sacrements et est mort
» en bon chrestien. » — *N.* Baptisé Antoine Giraud, fils de Pierre et de Françoise Merle, « lab^{rs} de Putay, parr. mons^r Antoine Desessards s^r de Putay,
» marr. Anne Merle » (1686). — *N.* Bapt. Georges, fils de Jean Duc, tisserand de Putay (1691). — † « Décédé J. B^{te} Hymbert journalier, de la par. de
» Senas, de 32 ans, qui a reçu tous les sacrements et est mort dans de bons
» sentiments de chrestiens... en présence de Pierre Minguet valet domestique »
de M. Préveraud de Putay (février 1693). — *N.* Benoît Giraud, fils de Benoist, laboureur de Putay ; parrain, « mons^r Claude-Agnan Borday n^{re} r^{al} et procu-
» reur au siège de Pierrefitte et marr. Damoiselle Claudine Ternat femme de
» s^r Duvernoy, châtelain de Cheselle et Diou » (18 août 1696). — 1698, Jacques Paquet, laboureur de Putay, est parrain à Gilly. — Même année, « Bapt.
» Claudine Racousot, fille de Jean prop^{re} et journalier de Putay et de Pierrette
» Sabot sa femme ; parr. Léonard Arfeuille, marr. Claudine Gitton femme de
» Ziacre Merle tous lab^{rs} de Putay-Gilly. » — *N.* Marie-Jeanne « fille de Léo-
» nard Arfeuille lab^r de Putay », a pour marraine « Dam^{elle} Marie-Jeanne
» Bayon » (1699).

Vers ce temps, sont potonniers de Gilly-Putay, Claude Dumagnis, qui signe les actes, puis Agnan Jonchery, qui est aussi marguillier.

2° Au XVIIIe siècle.

Annet Feulion et Françoise Baubot, sa femme, laboureurs du Perroyer (1700). — 29 août 1701 « décédée en n. mère saincte Eglise, Reine Gilotin
» âgée de 32 ans servante de mons^r Chanlon fermier de Putay, y dem^t
» laquelle... est morte dans des véritables sentiments d'une bonne chré-

forme adoucissait ses notes éclatantes aux reflets des berceaux. M. de Launay ne paraît pas avoir résidé longtemps à Putey, habité par son garde, Jean La Forest, qui lui servait d'agent d'affaires. Il avait, quant à lui, son domicile au bourg de Pierrefitte. Au moment de son mariage, toutefois, il fit entreprendre la restauration d'une partie du manoir, selon le témoignage de la date 1753 surmontant la porte centrale, comme nous le verrons dans la courte description qui va suivre, dernier regard sur ces lieux. En cette année 1753, le 25 ou le 26 juin, il épousait, à Moulins-Engilbert, en Nivernais, Jeanne-Charlotte Sallonyer de Challigny, fille de Guillaume, écuyer, c^{er} auditeur en la chambre des comptes de Dôle, et de dame Anne Rousseau. Il eut de ce mariage, entre autres enfants, une fille qui fut mariée à M. Heuillard de Certilly, le dernier maire de Moulins avant la Révolution, et un fils qui lui succéda. Il

» tienne. » — 8 novembre 1701, mariage de Jean Duret, laboureur et « vallet » domestique au château » et Claudine Lamotte, aussi de Putey ; témoin, Jean Morise Valet, demeurant au château. — 9 janvier 1711, baptême de Jeanne-Marguerite Giraud, fille de Sulpice et de Magdeleine Dubois, laboureurs de Putay. Parrain, Me Aubin Borday, n^{re} r^{al} de Pierrefitte, et marraine, Mademoiselle Jeanne Picard, fille de Me Denis Picard, procureur du roy. — Martin Douaire, laboureur de Putay en 1714, est parrain de Martin, fils de Gilbert Jacob, aussi lab^r de Putay. — François Père, laboureur (1734). — Jean Merle et Louise Laforest, sa femme (1765). — N. Jean-Baptiste, fils de Jean Laforest, « garde de Mr de Putay », et de Gabrielle Jacob, son épouse (1768). — En 1770 : Gaspard Giraud, propriétaire à Putay, et Martine Paquier, son épouse. — Jacques Batillat, laboureur, et Marguerite Courtois, son épouse. — Louis Sotty, journalier, demeurant à la Goutte-au-Merle. — Blaise Vernin, métayer au domaine du château. — Jean-Marie Quartier, m^d fermier à Putay, et Anne Laucrochat, son épouse. — Jean Vernin, métayer. — Jean Catillot, manœuvre. — Jean Reverdy, propriétaire, et Marie Giraud, son épouse. — Jacques Jallet, métayer, et Claudine Durand, sa femme. — Jean Baillon, manœuvre. — Pierre Peguin, journalier. — Charles Chavignon, laboureur, et François Virot, son gendre. — Claude Guerreau, manœuvre, et Marie Robin, sa femme (1779). — Simon Durand, laboureur (1779). — Louise Lamotte, servante à Putay, native de Pierrefitte, épouse Jean Batillot ; témoins, Jacques Geloy, laboureur à Putay, et « Jean Laforêt agent de Mr de Launay s^{gr} de Putay » (1774). (*Reg. Gilly.*)

Le 21 avril 1775, acquisition du domaine des Davaux, près Putay, faite par Mr Jean Bernachez fils, m^d fermier et propriétaire, demeurant à Diou, vendu par M. Christophe Fonjean, bourgeois, demeurant aussi à Diou. (*Arch. de l'Allier*, Fonds de Sept-Fons.)

vivait encore en 1779, année où il agrandit Putey par l'acquisition du domaine des Breugnons et de la locaterie Cornus, au Village, achetés 9,600 livres de MM. Aubin et Jean Borday, de Pierrefitte. L'investiture de cette vente fut donnée en 1780 par Sept-Fons (1).

19. — **Gaspard Picard du Chambon**, fils du précédent, et petit-neveu du général du même nom, hérita de toutes les propriétés territoriales de ce dernier, à Pierrefitte, à Saligny et à Vaumas, par l'intermédiaire de son père et de son oncle Picard des Guyons, et il eut une importante fortune. Marié le 21 septembre 1778 à *Antoinette Cymetière de la Bazolle*, en reformant avec cette famille un lien déjà contracté en 1622 par un de ses ancêtres, il ajoutait à ses terres de Montrousset(2) et de Putey, celle de Beaupoirier, dot de sa femme, située en la paroisse du Breuil, près de La Palisse et dont le nom se trouve enchâssé, de la sorte, dans les deux anneaux extrêmes de notre chaîne documentaire, aux dates 1300 et 1780.

Comme ses prédécesseurs, Gaspard Picard du Chambon fut chevalier de Saint-Louis, et il fut gendarme de la garde jusqu'à la suppression de ce beau corps de cavalerie d'élite par Louis XVI. Dès lors, il se retire à Pierrefitte.

Il ne nous appartient pas de l'y suivre, laissant à ses descendants le soin des documents qu'ils possèdent sans doute. Et nous voici au but de notre exploration. L'époque révolutionnaire, issue d'un universel besoin de réformes, avait dévié, sous l'influence occulte des sectes, en ère de barbarie et de sang. Membre du Directoire du district du Donjon jusqu'en

---

(1) *Archives de l'Allier.* Fonds de Sept-Fons, obligeamment indiqué par l'actif et docte archiviste, M. Claudon.

(2) Montrousset, seigneurie qui, jadis, étendait des bois giboyeux sur les coteaux de Vaumas, du côté de Saligny, fut acquise par Gaspard Picard du Chambon, du comte d'Anlezy (de Damas), en un contrat passé à Versailles le 20 mars 1745. Le 27 juin 1747, peu d'années avant sa mort, il en fit don à Gaspard Picard, écuyer, s^r des Guyons, alors aide-major de la Cie des gendarmes, son neveu, qui mourut brigadier des armées, en laissant tous ses biens, ou presque tous, à son neveu du Chambon.

1792, Gaspard Picard du Chambon ne se montra pas hostile aux améliorations, mais devant l'orage d'excès qui se déchaînait, il suivit le courant de l'émigration. La plus grande partie de ses biens fut vendue et notamment Putey (1).

Désormais, pour le petit château, c'est le délaissement. Les fossés se couvrent de conferves, les lézardes ne sont plus bouchées; dans « la grand'salle », la couronne de lauriers de la haute cheminée de pierre se noircit à loisir. L'ancien logis restera, depuis lors, dans l'abandon de ses maîtres. C'est pourquoi nous avons aimé à le saluer en ami, à ranimer son passé, à réveiller quelques-unes des douleurs et des joies qui sommeillent dans ses murailles, vulgaires à l'œil vulgaire de l'oubli, mais qui gardaient, silencieuses, l'émotion des souvenirs et les enseignements de la mort.

Nous demandons au lecteur pardon de l'avoir bien longtemps attardé devant un foyer si restreint, et des faits qui n'intéressent qu'une petite portion de notre province; nous ne pouvons, cependant, sortir de ce récit, sans parcourir les débris des appartements qui lui servent d'écho. Nous prendrons pour guide, dans ce rapide coup d'œil, un ami aussi docte que généreux, dont le crayon, loyal organe de l'artiste et du si consciencieux archéologue, a reproduit les principaux aspects et détails de l'habitation dans les deux planches jointes à cette étude. M. l'abbé Joseph Clément voudra bien souffrir que j'inscrive ici son nom avec gratitude.

---

(1) La propriété de Putey a été vendue à deux principaux acquéreurs durant la période révolutionnaire. De l'un de ceux-ci, vers 1809, M. Pierre-Jacques Picard, docteur en médecine et propriétaire à Pierrefitte, acquit le château, qui fut revendu par M. Jacques Picard, son fils, vers 1827. Il a été acheté depuis par un membre de la famille Bernachez, et c'est de cette famille qu'il a passé, par alliance, ainsi qu'un domaine, à M. Perraud, notaire à Decize, son propriétaire actuel.

IV

LE CHATEAU

Nous avons vu que, dans un acte de 1443, le premier où nous en ayons trouvé mention, le château est appelé : *l'hôtel* de Putey, nom qui peut convenir à une habitation défendue mais pas à une forteresse. C'est une demeure qui se soustrait, derrière ses fossés, à un coup de main, aux surprises de la rapine, sans pouvoir tenir contre une bande régulière, surtout alors que l'artillerie, ayant voix dans les combats, couronne déjà, pour les rendre bientôt inutiles, les castels forts du voisinage.

Les actes de 1285 et de 1353 ne désignent pas la résidence du seigneur. Faut-il en conclure que le château n'existait pas à ces deux dates et qu'il était neuf, quand, au milieu du xve siècle, Philippe de Putey fit l'aveu et l'hommage de son fief au Duc de Bourbon ? — Nous croyons pouvoir en douter. — Sa forme, qui est un parallélogramme rectangle entourant une cour de trois corps de logis, ses tours assez saillantes aux angles, son pont aboutissant au centre de la cour, offrent un ensemble qui correspond trop au type bien défini des petits châteaux de plaine élevés vers le milieu du xiiie siècle, pour qu'on ne soit pas sollicité, ce nous semble, à rattacher à cette époque sa disposition fondamentale.

Viollet-Leduc a donné la description du château de Villandraut, près Bazas, l'un des spécimens caractéristiques du

XIIIᵉ siècle. On retrouve à Putey l'analogie du plan général, mais en très petit, avec la pénurie des matériaux résultant et de la rareté des pierres sur cette rive de la Loire et d'une certaine gêne ou infériorité du possesseur (1).

Si, selon les règles normales de la défense et d'après les lacunes évidentes de sa configuration actuelle, interprétées par M. l'abbé J. Clément dans sa gracieuse vue rétrospective (pl. II, fig. 1), notre château était autrefois muni de 4 tours, une à chacun des angles, il aurait été une miniature de Villandraut, remplaçant les tours du pont par des piliers, les murs de 10 pieds par des murs de 2 à 3 et offrant une superficie de 22 mètres sur 33, en y comprenant les tours, au lieu de 39 m. sur 47 m. 50. Peut-être aussi faut-il voir dans la minime épaisseur des tours une reconstruction faite sur la base d'ouvrages disparus. Pendant la guerre des Anglais, on bâtit peu de châteaux ; on eut, à la suite, à en réparer beaucoup. Il est bien certain qu'en gardant l'assiette de son premier établissement, Putey a été modifié en la plupart de ses parties. Nous donnerons à ce sujet nos conjectures, mais nous allons d'abord le parcourir tel qu'il est.

Je prie le lecteur de vouloir bien consulter ici les documents les plus vivants que je puisse lui soumettre : ces deux planches dans lesquelles mon savant compagnon de route a su réunir, en peu d'espace, des renseignements multiples et précis.

Accompagnés de l'obligeance polie des locataires et de l'entrain d'enfants heureux de voir leurs dix ans photogra-

---

(1) « A partir de saint Louis, la féodalité décroît ; elle est absorbée par la
» royauté d'une part, et entamée par le peuple de l'autre ; les édifices qu'elle
» élève se ressentent naturellement de cette situation politique ; ils se dressent
» sur le sol lorsqu'elle reprend de l'influence, ils sont plus rares ou *plus*
» *pauvres* lorsque le pouvoir royal et l'organisation nationale prennent de la
» force et se constituent..... Et, en effet, on rencontre peu de châteaux, de
» *quelqu'importance,* élevés de 1240 à 1340, c'est-à-dire pendant cette période
» de la monarchie française qui marche résolument vers l'unité de pouvoir et
» de gouvernement. » (VIOLLET-LEDUC, *Diction. rais. de l'Architec.*, art.
Château.)

phiés (dans ce cadre poudreux de tant de vies), nous visitons l'intérieur.

Sur la cour D, qui fut pavée, s'ouvrent cinq portes (pl. I, fig. 6) : l'une en F, conduit à une cave sous l'aile Nord, une autre en P, une autre en L, une 4ᵉ en J, qui est le pavillon de l'escalier, enfin celle en G qui seule retient le visiteur. Elle est encadrée de deux pilastres sculptés (pl. II, fig. 2), et présente sur la clef saillante de son arcade à plein cintre, un cartouche en forme de cœur, surmonté de trois clous et dans le milieu duquel est gravé le monogramme du Christ : JHS. Je regrette de ne savoir interpréter et attribuer cette indication parlante, qui réserve son secret à des visiteurs mieux documentés. Trois degrés inégaux ou rompus mènent, par cette porte, dans la grande salle H. Son plancher à la française, d'un chêne conservé neuf, a des poutres puissantes ; sa large et haute cheminée de pierre, à montants moulurés (pl. II, fig. 3), porte sur son manteau un écu en accolade sans armoiries entouré d'une couronne de lauriers. De cette salle H qui servait de cuisine en 1808, nous passons à la chambre I, s'ouvrant dans son fond à l'Est. Les deux pièces autrefois ont pu n'en faire qu'une, qui aurait eu 14 m. de long sur 6 de large environ. La chambre I a une cheminée de pierre, moins brunie que celle de la grande salle. Par le couloir de la cage d'escalier (pl. I, fig. 6. J), qui sert de palier entre la descente de la cave Sud et la montée du premier étage, on passe de I en L. La pièce désignée par cette lettre a dû jouer un rôle principal après les réparations de 1753, dont sa porte extérieure a la date sur la clef de son linteau. Cette baie, haute de 3 m. au moins, et large comme pour appeler l'air et la lumière, a dû être garnie d'un châssis vitré ; il ne reste, pour la fermer, que deux volets disjoints. C'est là que commence la trace des retouches faites au xviiiᵉ siècle : deux fenêtres à léger cintre, à petits carreaux, une cheminée basse, de même époque, en pierre blanche. La pièce a été plafonnée. Sur une porte intérieure se découpe un panneau Louis XV. On passe dans la chambre M, comprise aussi dans la restauration du xviiie s. et qui, toute dévastée, en conserve des traces d'élégance. Elle a de 7 à 8 m. de longueur sur près de 6 de large. Dans le fond, était une vaste alcôve à deux lits, démarquée par les montants moulurés qui la divisent en 3 arcades (pl. II, fig. 4. A), une grande au milieu et 2 moindres sur les côtés, correspondantes aux lits. La découpure supérieure de chacune de ces arcades, moulurée comme les montants, a du style, de la grâce et dénote un appartement soigné. La cheminée, taillée et sculptée dans le même goût, est en marbre blanc, non poli. La tour N, qu'on a carrée à l'intérieur, servait de cabinet et l'on avait formé, dans le garnissage, un placard dont les battants ont aussi des panneaux Louis XV. La hauteur de cette chambre, sous solives, est de 3 m. 30 ; elle a deux fenêtres à petits carreaux. Elle sert de dépôt de bois.

La pièce P n'a d'accès que par la cour ; on y parvient par 2 ou 3 restes de marches. Elle est grande, à peu près comme la précédente, et s'ouvre sur la tour O. Parmi la paille et les débris, on ne distingue guère que la cheminée à manteau, dont les montants sont abattus en biseau, sans ornement. Elle est en pierre blanche comme toutes les autres et, sans doute, de ce marbre de Gilly officiellement exploité jadis et qui, poli, fournissait au xviie siècle, aux Châteaumorand, par exemple, des tablettes pour leurs consoles.

Revenons à la montée d'escalier en J. La rampe haute et massive a des barreaux fuséiformes avec des renflements. Une vingtaine de marches en bois conduisent au premier étage. On y arrive sur un couloir correspondant à celui du rez-de-chaussée. On trouve alors sur sa gauche une porte à barreaux, exactement pareille à la rampe, qui est d'un effet antique et original. Elle ouvre sur l'aile Sud dans un grand espace de 14 à 15 m. sur 5 à 6, autrefois divisé en 3 chambres dont on voit encore l'enduit et maintenant tout d'une pièce. Les 3 fenêtres de ces chambres, donnant sur le sud, sont murées. (Pl. I, fig. 4.) Deux cheminées à manteau, toujours en pierre blanche, se voient à chaque extrémité de cet espace dégarni. Revenant par le couloir de l'escalier dont l'ancienne fenêtre murée est remplacée par une sorte d'ouverture ruinée qui semble le trou d'un boulet de canon, nous entrons dans un passage qui lui fait suite, long de 6 à 7 m. et large de 2 à 3, soupenté du côté de la cour, sur lequel s'ouvre une chambre. On avait dissimulé dans celle-ci la charpente d'une ferme par une alcôve en arcature moulurée, dont un fragment (pl. II, fig. 4. B) est d'un dessin du XVIIIe siècle, à la fois très pur et très hardi. Cette chambre à lucarne présente aussi au-dessus de la porte un panneau vide qui a dû renfermer un sujet peint ou une tapisserie. Au fond, le passage aboutit à un vaste grenier qui règne sur l'aile Nord et donne dans les deux tours. La petite est divisée en deux étages très bas dont la signification m'est obscure, ses murs sont épais de 0 m. 75 environ. L'on descend pour entrer dans la tour O ; elle a 3 m. 30 de diamètre intérieur et représente une chambre ; on y voit une trace de solivage. Le logis et les tours ne correspondent pas d'étage au 1er.

La charpente de tous les combles est en beau chêne d'une bonne conservation, fortement ordonnée. Le travail du comble du pavillon se distingue surtout avec ses poinçons à chanfrein abattu et ses vigoureux assemblages.

En descendant l'escalier, on remarque, après le premier tournant, une porte ouvrant sur une sorte de couloir ou de petite chambre (pl. I, K). Nous n'y sommes pas entrés ; car c'est le domaine d'une lapine qui y exerce toute sa nichée.

En X, soutenu par un encorbellement au-dessus des fossés, dans l'angle rentrant que font à leur rencontre les corps de logis Sud et Est, est un petit édicule d'aisance ou latrines ruiné, dont les murs de briques sont ouverts et dont le toit est écroulé.

L'escalier de la cave Sud continue, avons-nous dit, celui du premier, mais il a ses marches en pierre ; il en compte 11 environ. Vers le bas, sur la gauche en descendant, un réduit s'enfonce dans la pénombre avec un certain mystère. On nous dit : « C'était la prison ! » (prison un peu légendaire, il faut en convenir, dans un fief dépourvu de justice, dès la fin du xiiie siècle). A côté, s'ouvre la cave voûtée qui s'étend sous l'aile Sud, au-dessus de l'eau des fossés. Son sol est sec et un conduit profond, qui va on ne sait où, part de cette cave.

De cet aperçu intérieur du petit château quelle conclusion tirerons-nous sur son histoire ? — Aucune, sans y adjoindre l'épithète d'hypothèse ou de probabilité.

Du château de défense, il reste, croyons-nous :

1°) Les deux tours, dans leurs dimensions et position primitives ; elles sont des spécimens de celles qui devaient protéger l'aile Sud. Leur sommet a été endommagé ; alors on les a coiffées de toits carrés. Leurs ouvertures ont été bouchées ou déformées (pl. I, fig. 3).

2°) Le fossé, qui a bien, par endroit, 10 m. de large.

3°) Le pont étroit et pavé où l'on peut remarquer la reprise en maçonnerie de l'arche qui a remplacé l'ancien pont volant ou levis en bois (pl. I, fig. 6, C).

L'aile Nord et le logis Est sont un vieux bâtiment dépourvu de son caractère ancien depuis les remaniements faits par J.-B. Picard de Launay, qui s'adressa, semble-t-il, pour la menuiserie, à un ouvrier habile.

L'aile Sud a dû être reconstruite sur une partie ruinée, et tout à fait reprise ; sa porte sculptée, ses deux larges fenêtres carrées du rez-de-chaussée me la font croire du début du xviie siècle ou même de la fin du xvie ; mais il a dû rester, des anciens bâtiments contemporains au moins du xve siècle, des portions de muraille vers l'orient.

Depuis que Hugues de Putey, appauvri peut-être, comme tant d'autres seigneurs, à la suite des croisades, laissa son fief par échange au duc, son suzerain, l'« *hostel* » fut plus ou moins habité, dans un état qui semble modeste ou précaire, par Pierre et Perrin de Putey, au xive siècle. Philippe de Putey ou Louis de Thellis lui donnèrent des réparations dans le courant du xve : (la petite lanterne suspendue (planche I, fig. 5 et 6, X) semble de cette époque à M. l'abbé J. Clément.) Le château avait dû, auparavant, dans la guerre de Cent Ans, subir un choc dont avait souffert beaucoup la partie Sud. Les de Viry, qui habitent La Forêt, le laissent sans doute à l'abandon, jusqu'à l'arrivée de l'écuyer Antoine, dont il est l'unique héritage, et qui aménage l'aile Sud. C'est peut-être de son temps qu'est taillée la porte à colonnes dont nous avons vainement cherché l'auteur. Mais toutes ces suppositions sur les vicissitudes architecturales de cette demeure ne sont appuyées sur aucune preuve écrite.

Ainsi, le Putey féodal, celui qui avait justice haute, moyenne et basse, paraît avoir perdu ses couronnements. Il a vu des fenêtres modernes agrandir ses jours étroits et des cabinets de toilette se disposer dans ses tours. Il a pris une physionomie d'ermitage rural qui depuis..., à en juger par les trous de ses toits et les fentes de ses murs, n'aura bientôt plus que l'aspect des ruines.

Et maintenant, nous allons te quitter, vieux manoir. En franchissant par l'esprit ton seuil, nous saluons, non sans affection pour plusieurs, tes hôtes séculaires, qui ont fait accueil à notre pensée dans ces quelques heures d'une pieuse visite. Et, nous retournant, une dernière fois, de leur côté, nous sommes étonné du nombre qu'en a fait la mort, de la variété de leurs costumes et de leur physionomie : armures des croisades, soubrevestes rouges de Malte, colerettes du roi Henri, écarlate et or aux revers noirs des gendarmes de la garde, épées des nobles, rabats des magistrats, bure des laboureurs... Ils remplissent la petite cour, ils débordent vers le village éloigné, en une grande foule multipliée par le temps. Blancs cortèges des baptêmes, vues d'intérieur, drames du labeur et de la guerre, départs d'un jour et de toujours... tout a passé comme un rêve. Ces murs ont abrité vingt générations et il n'en faut pas trois pour effacer une mémoire. Et pourtant ! comment l'âme rajeunit-elle les souvenirs antiques et garde-t-elle à leurs pleurs des émotions toujours neuves ? — C'est qu'elle sent par besoin, par l'instinct de sa force immortelle, c'est qu'elle connaît par la nécessité de la Justice, par la loi de la Conscience et la logique de la vie que la mort tourne, sans les raturer, des pages dont le présent est la suite et dont le sens total et le dénouement ne se lisent qu'au delà de ce monde. *Vita mutatur, non tollitur !*

Voilà pourquoi l'histoire, même infime, les ruines, même sans nom, ont un prestige, un langage, un appel ! « *Historia, quoquo modo scripta, delectat* » (1).

Et, de tous ces soupirs, de tant d'angoisses, de remords, d'agonies, de sacrifices et de mérites que je surprends en ce petit coin de terre, et qui ne sauraient être perdus, j'entends sortir comme à-Dieu, comme au revoir, un mot qui retentit sous l'humble toit et dans la grande Nation, un mot qui est celui de l'énigme des familles, le mot de l'histoire, de la raison, du cœur humain et de la Destinée : PROVIDENCE !

---

(1) PLINE LE JEUNE, *Epistolæ*, lib. V, ép. VIII.

APPENDICE

Dans les travaux sur le passé, la solide méthode consiste à ne rien avancer qu'on ne soit capable d'en fournir la preuve. Mais cela ne suffit pas. Il faut encore ne tirer cette preuve que de la connaissance entière des documents sur lesquels on s'appuie. J'ai vérifié combien il est utile, selon le conseil de dom Betencour, de consulter, non pas seulement des extraits, mais les archives mêmes.

M'en tenant d'abord à un résumé très succinct de la transaction de 1285 entre Hugues de Putey et le comte d'Artois, j'avais cru que ce dernier avait acheté seulement la justice de Putey: le résumé ne parlait que d'elle.

La communication du texte intégral m'a révélé qu'il acquit le fief tout entier.

Il convient donc de citer Robert d'Artois et peut-être d'autres ducs de Bourbon, ses successeurs, parmi les possesseurs de Putey, qui se retrouve, en 1353, — moins la justice, — aux mains d'un descendant de Hugues, Pierre de Putey.

Je crois ne pouvoir mieux compléter mon texte primitif dans le Bulletin et appuyer la rectification que j'en ai faite dans cette brochure, qu'en reproduisant l'acte total de cet échange. Il tire, par ailleurs, son intérêt de l'ancienneté de sa date et de la célébrité d'un de ses contractants.

« CESSION DE LA TERRE DE PUTEY A ROBERT D'ARTOIS
» (*7 décembre 1285*).

» Universis presentes litteras inspecturis Laurencius Pelorde custos
» sigilli prepositure Bituricensis salutem in Domino. Notum facimus
» quod presens coram Guillelmo de Castro Novo Clerico dicti Sigilli nota-
» rio et jurato loco nostri et vice et auctoritate nostra Hugo de Putei
» miles cessit et quictavit in perpetuum sponte et proinde illustriximo

» viro domino Roberto comiti Attrabatensi et domine Agneti ejus uxori,
» domine Borbonnensi et eorum heredibus dominis Borbonnensibus in
» perpetuum in recompensationem et eschangium medietatis queste terre
» de Fontial que partitur cum terra Guoti de Montgarnaut in qua terra
» que est dicti Guioti predicti dominus et domina Agnes sibi et suis
» questam ut dicitur retinuerunt, omnem et omnimodam justitiam altam
» et bassam magnam et parvam grossam et minuitam, cum omni blaeria
» quam habet et habebat et habere consuaverat apud Putei et in perti-
» nenciis dicti loci et quidquid juris, possessionnis, proprietatis et
» dominii habebat vel habere poterat seu debebat quocumque jure, qua-
» cumque ex causa seu qualibet ratione apud Putei et in pertinenciis de
» Putei, se desaisiens idem miles de predictis justicia, jure, blearia et
» dominio et aliis juribus que habebat apud Putei et in pertinenciis dicte
» ville et ipsos dominum Robertum et dominam Agnetem et eorum
» heredes dominos tamen Borbonnenses saysitos esse voluit de predictis
» ipsos quo adhoc procuratores constitutos in rem suam. Promittens
» idem miles quod contra premissa vel premissorum aliqua per se nec per
» alium non veniet in futurum; immo promisit et ex pacto quod premissa
» omnia et singula eisdem comittisse domine de Borbonnio et domino Bor-
» bonnensi pro tempore et predicto domino Roberto et suis heredibus
» dominis de Borbonnio de se et suis garentiet in perpetuum et deffendet
» et in predictis nichil (sic) juris, possessionis seu proprietatis de cetero
» reclamabit nec faciet nec consenciet reclamare, et perdat missionem pro
» deffectu cujuslibet premissorum eisdem promisit idem miles plenarie
» restaurare et ad hoc voluit se et suos heredes compelli voluit per domi-
» num regem et ejus gentes et per nos et nostros qui pro tempore fuerint
» successores, obligans ad hoc se et heredes suos et omnia bona sua
» mobilia et immobilia presentia et futura jurisdictio prepositure suppo-
» nens, renuncians et ex pacto idem miles excepcioni de dolo, conditioni
» sine causa, omni privilegio dotis et omnibus aliis exceptionibus et pri-
» vilegiis quibuscumque sicut id est juris cui idem adhibimus nobis
» retulit una voce.

» Actum apud Molins in Auvernia et Sigillo dicto proprio nostro sigilla-
» bimus anno Domini millesimo ducentesimo octogesimo quinto die vene-
» ris post festum beati Nicholais Yemalis. Guillelmus. »

(Extrait des *Archives nationales*, p. 4376.)

Moulins. — Imprimerie Etienne AUCLAIRE.